DEL ALCOHOLISMO Y SUS EMOCIONES

Alejandra Camposeco

DEL ALCOHOLISMO Y SUS EMOCIONES

Barcelona · México · Bogotá · Buenos Aires · Caracas
Madrid · Miami · Montevideo · Santiago de Chile

Del alcoholismo y sus emociones
Primera edición, septiembre de 2011

Bradley 52, Anzures DF-11590, México
www.edicionesb.com.mx
editorial@edicionesb.com

ISBN: 978-607-480-191-0

Impreso en México | *Printed in Mexico*

A mi abuela, faro en las tormentas de mi vida

A mis hijas, por aguantar tanto tiempo mi manera de beber
y seguir amándome sin condiciones

A mi madre, por volver a creer en mí

A Alejandro, por entregarme la posibilidad de parar

A mis compañeros del grupo Virreyes
por enseñarme a vivir de otra manera

Contenido

Prólogo

La vida es dinámica, nos mantiene en constante movimiento y avanzamos, aunque no siempre sepamos bien hacia dónde. De hecho, mientras escribo estas líneas, mi vida siempre va un instante delante de mí. En el flujo continuo de los acontecimientos cotidianos conservar el control de nuestras vidas es extremadamente difícil. Durante treinta años bebí prácticamente todos los días. Lo que en un inicio fue divertido se fue convirtiendo en una válvula de escape y finalmente en un infierno. No sabía cómo detenerme, dejé de escuchar a los demás y sobre todo a mí misma, y seguí bebiendo. En mi interior, una voz muy débil me decía que era momento de parar, pero con un par de copas lograba apagarla. Tuve que llegar a lo que se conoce como «tocar fondo», para finalmente pedir ayuda y detenerme. Este libro nace de esa experiencia y del camino que he recorrido desde ese momento.

En el trayecto he tenido el honor de conocer y compartir experiencias con personas que sufren el mismo problema que yo, a ratos me he visto reflejada en ellos como en un espejo y me ha invadido una risa nerviosa, las más de las veces me he sentido inmensamente triste de ver lo que estaba haciendo con mis días. Esta experiencia me ha servido para comenzar a conocerme un poco mejor y para adquirir el valor de emprender la increíble aventura de cambiar mi vida.

Cada persona es única y especial; las razones para beber son muchas, las situaciones en las que nos hemos visto envueltos son diferentes, el «fondo» de cada uno es distinto, el camino recorrido es solitario, pero el dolor es el mismo (y vaya que sí duele). En el proceso hemos lastimado a muchas personas, especialmente a aquellas que nos aman, pero más que nada hemos hecho de la vida una carrera para lastimarnos a nosotros mismos y cuando finalmente logramos detenernos no sabemos qué hacer con lo que queda. Nos sentimos vacíos, sin esperanza ni rumbo.

☛ *Dejar de beber es una decisión personal. Lo hacemos por nosotros mismos, para rescatarnos, para reinventarnos, para sobrevivir.*

Pero detrás de cada uno de nuestros pensamientos y sentimientos existe un amo más poderoso, se llama «uno mismo» y habita en nuestro cuerpo. Él es el que tiene el poder de transformarnos, de regresarnos la voluntad de vivir. Como el mito del ave fénix, dentro de cada uno de nosotros existe la fortaleza para lograr renacer de nuestras cenizas. No importa cuántas veces nos consumamos en el fuego de la vida, siempre tendremos la posibilidad de reinventarnos nuevamente.

Inversamente a lo que se cree, la vida en sobriedad no es terriblemente aburrida y deprimente, al contrario, una vez que comenzamos a organizar nuestros días de una manera diferente, la ruta tiene algo de fascinante y misterioso. Cada instante vivido se convierte en un reto y un destino. Seguimos inmersos en esta vida, pero ahora podemos tomar control de lo que deseamos hacer con ella. Hemos llegado al principio de un nuevo camino en el que somos capaces de decidir, en un estado tranquilo y armonioso, cómo comenzar a vivirla.

Espero que estas líneas sean de ayuda para quienes, como yo, han perdido el camino y desean más que nada recuperarlo, recuperar a los que aman, pero sobre todo, recuperarse a sí mismos y a aquellos sueños que alguna vez tuvieron. El camino no es fácil, pero vale la pena.

1

El increíble caso del Dr. Jeckyll y Mr. Hyde y otras insospechadas transformaciones

El hombre deforme también encuentra
espejos que lo reflejan hermoso

MARQUÉS DE SADE
Justine o los infortunios de la virtud

Dice el Dr. Jeckyll[1] que el hombre no es verazmente uno, sino verazmente dos, afirma que, si lográramos encarnarnos en dos entidades independientes, la vida sería mucho más soportable. De esta idea parte la increíble y al mismo tiempo dolorosa transformación que sufre este médico y hombre de bien, hombre lleno de virtudes y calidad humana, en el temible Mr. Hyde: personaje depravado, quien encarna todos los aspectos negativos que laten en el interior del ser humano.

El tema de la dualidad humana es uno de los más antiguos en la historia del hombre. El poema babilonio *Gilgamesh*

1 Robert Louis STEVENSON: *El extraño caso del doctor Jeckyll y Mr. Hyde.*

o la angustia por la muerte,[2] narra la historia de Gilgamesh, un tirano malvado y a veces medio berrinchudo, quién se encuentra con Enkidú, un hombre salvaje, sencillo y bondadoso. La amistad que surge entre ambos, aunada a la posterior muerte de Enkidú y la comprobación de Gilgamesh, quien pasa buena parte del poema buscando la fuente de la eterna juventud sin éxito, completan la transformación del tirano en un hombre amado por su pueblo.

De igual manera nos encontramos con la historia de Siddharta Gautama,[3] un príncipe indio del clan de los Sakyas. Nacido en el seno de una familia de la realeza, creció con todos los beneficios propios de su estatus social. Cuenta la leyenda, que a los 29 años, harto de su condición de príncipe y al darse cuenta del dolor de sus semejantes, decidió salir del palacio en el que vivía, abandonar a su esposa e hijo y recorrer el mundo para encontrar respuestas sobre la liberación del dolor humano.

Después de intentar vivir una vida austera y tras varios años de infructuosa meditación, el día de luna llena de Vesakha (mayo del 523 a.C.), se sentó bajo una higuera sagrada decidido a no levantarse de ahí hasta encontrar las respuestas que estaba buscando. Igual que Jesucristo, Siddharta tuvo que vencer muchas tentaciones y luchar profundamente contra sus demonios, para finalmente levantarse convertido en lo que ahora conocemos como un Buda. Buda significa «el iluminado». Durante el resto de sus días se dedicó a compartir sus conocimientos con sus

---

2 *Gilgamesh o la angustia por la muerte*. Este poema es uno de los más antiguos que se conocen; está escrito con caracteres cuneiformes en lengua acadia sobre tablillas de arcilla y narra la historia del príncipe Gilgamesh y sus aventuras junto a Enkidú.

3 Siddharta Gautama es conocido como *Buda*. Referencias a su vida se pueden encontrar en infinidad de libros sobre budismo. Existe una biografía novelada: *Siddharta* del escritor alemán Herman Hesse.

discípulos, quienes fundaron, de esta forma, la doctrina que el día de hoy conocemos como budismo.

Pero las transformaciones no son siempre tan exitosas, si lo fueran el mundo estaría habitado únicamente por profetas y dioses. En nuestra condición humana, es perfectamente normal estar invadidos por una gran cantidad de pensamientos y deseos; algunos positivos y otros temiblemente negativos.

Las transformaciones del Dr. Jeckyll en el odioso Mr. Hyde, contienen el elemento doloroso del cambio de cuerpos, como el licántropo o el vampiro al momento de pasar de una forma humana a la animal, pero una vez terminado el proceso, el encorvado, enano y repulsivo Mr. Hyde se siente más joven, más ágil, más feliz físicamente, mientras en el ánimo tenía conciencia de otras transformaciones: una terca temeridad, una rápida y tumultuosa corriente de imágenes sensuales, un quitar el freno de la obligación, una desconocida pero no inocente libertad interior.

Lo mismo sucede con cualquier persona que llega a beber en exceso. No es necesario ser alcohólico para saber lo que sucede. Con habernos pasado de copas alguna vez en la vida lo sabemos. Se comienza por perder la coordinación motora (pérdida del equilibrio y movimientos cada vez más torpes y lentos), la respiración se acelera, el estómago se irrita, el corazón late más de prisa, y la piel tiende a enrojecer. Pero esos son solamente los síntomas físicos. Después nos sobrevienen la euforia, la valentía, la ira, la tristeza, y el rencor para dar paso posteriormente a una disminución de la memoria, de la capacidad de concentración y finalmente llegar a nuestro lado oscuro, el de la pérdida total del autocontrol.

Cuando el alcohol toma posesión de nuestras vidas, es similar a elegir la suerte de permanecer convertidos en Mr. Hyde y esto significa renunciar a miles de intereses y sueños que pudimos haber tenido, convertirnos gradualmente en una persona debilitada, tanto mental como físicamente, vivir con los labios afiebrados y el cuerpo tembloroso, sin interés alguno en los demás seres humanos. Es vivir ocupados por un sólo y único pensamiento: seguir bebiendo.

Si la bebida se convierte en nuestro vampiro personal, la oscura y misteriosa figura del conde Drácula[4] ronda las esquinas. Este vampiro de Transilvania era inicialmente un hombre enamorado y un guerrero; fue la muerte repentina de su enamorada, lo que lo impulsó a renegar de Dios y por lo tanto a elegir una vida entre las sombras. A partir de ese momento su misión es la de corromper y asesinar para seguir existiendo. Pero dentro del vampiro quedan rescoldos de amor. Sólo la muerte puede romper este hechizo.

También, dentro del bebedor frecuente quedan restos de bondad, pequeñas voces interiores le dicen que es tiempo de detenerse, el cuerpo comienza a quebrarse, la vida a su alrededor se desmorona, y él sabe que debe parar, que si no lo hace, al igual que nuestro vampiro, sólo la muerte romperá el hechizo. Y es hacia ella que muchos de nosotros encaminamos nuestros pasos. ¿Por qué?, simplemente porque nos gusta ser verdaderamente «el otro que también somos», amamos de alguna manera morbosa esa «desconocida, pero no inocente, libertad interior» de la que habla Mr. Hyde, ese vampiro que nos libera de nuestra realidad, esa pócima que nos permite transformarnos en hombre lobo, en vampiro, en transgresores: en el inconfundible Mr. Hyde.

Paradójicamente lo único que pudo detener la temible vida de Mr. Hyde fue la muerte del bondadoso Dr. Jeckyll. Para

---

4 Bram Stoker, *Drácula*. Esta historia ha sido llevada un par de veces a su versión cinematográfica.

aquellos que deseamos seguir en este mundo y estamos muy lejos de comenzar a escribir nuestras confesiones póstumas, el tiempo ha llegado: el tiempo de detenernos, de comenzar a escucharnos a nosotros mismos, de enjaular al monstruo que llevamos dentro.

☛ *Ha llegado el tiempo de dejar de beber.*

¿QUÉ ES EL ALCOHOLISMO?

Hay personas que beben grandes cantidades de alcohol, que se emborrachan, que llegan a un estado de estupor y no son alcohólicas. Hay personas que beben unas copas muy seguido y sí lo son. ¿En qué consiste la diferencia? Nada más y nada menos en que el alcohólico es aquella persona que no puede controlar su deseo de beber, es aquel que ha perdido las riendas del alcohol y ha permitido que éste se convierta en su amo y señor.

☛ *El alcohólico no puede detener su deseo de beber porque éste se ha convertido en su forma de vida.*

La palabra alcohol, al igual que casi todas las palabras en nuestro idioma que comienzan con *al*, se deriva del árabe. Su significado es «el sutil» e inicialmente estaba ligada al cosmético árabe llamado *kohl* que es un polvo negro, fino y delicado, que usan los árabes para delinearse los ojos. No fue sino hasta 1526, cuando un químico y médico suizo llamado Paracelso, se refirió a éste como «alcohol del vino». Este alcohol o espíritu del vino, no era sino el vapor que exhala el vino al ser calentado.

☛ *El alcohol no es sino un maquillaje que esconde quienes somos en realidad.*

La Organización Mundial de la Salud (OMS) ha catalogado al alcoholismo como una enfermedad crónica la cual se caracteriza por la adicción de las personas al alcohol. Alcohólicos Anónimos (AA) se refiere a ésta como una enfermedad progresiva y mortal. Esto no es asunto para tomarse a la ligera. A lo largo de la carrera alcohólica una gran cantidad de personas ha perdido la vida o peor aún, ha acabado con la vida de otras personas. Y la muerte ronda en las esquinas menos esperadas. Conozco el caso de un alcohólico empedernido, que una vez resuelto a dejar de beber ingresó a una clínica. Una semana más tarde, caminaba por el patio y comenzó a sentirse muy enfermo. Dos horas más tarde estaba muerto.

El alcoholismo se caracteriza por una serie de elementos:

1. Un ansia o fuerte necesidad de beber la cual llega a volverse compulsiva. La persona ya no puede dejar de hacerlo por más que lo desee. Cuando falta el alcohol nos ponemos frenéticos, cometemos los actos más increíbles con tal de conse-

guir esa primera copa. En previsión de este problema, hemos llegado a tener botellas escondidas por toda la casa, incluso en los lugares más inverosímiles como lo pueden ser: el tanque del escusado, dentro de los zapatos (las botas son mejores), en el horno, debajo de la cama, en las mangas de los sacos y muchos otros sitios posibles. Cuando falta el dinero para conseguirlo, se llega incluso hasta a mentir, robar y prostituirse para comprarlo;

2. la incapacidad de la persona para dejar de beber una vez que ha comenzado a hacerlo; una pérdida total del control para manejar su manera de beber. Una vez cómodos con la primera copa deslizándose por la garganta, nos servimos la que sigue, la otra, la del estribo y así sucesivamente;
3. la generación de una dependencia física. Una vez pasada la borrachera el cuerpo comienza a pedir más alcohol. Comúnmente, en nuestro país, conocemos este síntoma como «la cruda». Ésta provoca la aparición de síntomas tales como náuseas, temblores, sudoración y ansiedad. Para «curársela» no existe otro remedio que el de seguir bebiendo, lo cual nos lleva irremediablemente a un círculo sin final, y finalmente,
4. los niveles de tolerancia al alcohol aumentan. Es necesario el consumir cantidades mayores cada vez para volver a sentirnos «bien». En muchos casos, al aumentar la cantidad requerida de alcohol también comienza la experimentación con otro tipo de sustancias, como las drogas o las pastillas antidepresivas (el alcohol es el mejor depresor del sistema nervioso).

El problema más grave es que conforme pasa el tiempo se comienza a perder también la voluntad y de esta manera caemos en un proceso de negación. Queremos convencer a aquellos que nos rodean de que podemos dejar la bebida en el momento en que lo deseemos, que nosotros no estamos enfermos, que si bebemos es porque elegimos hacerlo, que no tenemos ningún problema, que todo lo que nos dicen es solamente una exageración más.

Hace algún tiempo, un amigo pronunció la siguiente sentencia mientras se encontraba sentado en un sillón de mi sala, «¿quién dice que yo no puedo dejar de beber?, por supuesto que puedo dejarlo en el momento en que me dé la gana. Si sigo bebiendo es porque quiero. La verdad es que yo no tengo ni un solo problema con el alcohol», y entonces levantó el vaso y se sirvió otra cuba para terminar de vaciar la botella de ron que estaba protegiendo como un león protege a sus cachorros.

Estas palabras no son sino un pretexto para esconder la realidad de lo que sabemos demasiado bien, no son sino un silenciador de esa voz interior que nos dice que algo no está bien.

Para aquellos que nos encontramos enfermos de alcoholismo, el alcohol se convierte en el centro de nuestra vida, es la manera en la que nos relacionamos en el trabajo, la escuela, el hogar y la vida; es la médula de todas nuestras acciones, emociones y pensamientos.

☛ *Sin alcohol estamos perdidos y con él estamos perdidos.*

Los griegos utilizaban la palabra dipsomanía para referirse al insaciable deseo de ingerir bebidas alcohólicas (*dipsa* que significa «sed» y *manía* que significa «locura»). Dice el dicho que «lo que en el pobre es borrachera en el rico es dipsomanía». Pero como sea que se le denomine, alcoholismo o dipsomanía, la verdad es que nos encontramos ante una enfermedad tan grave que en los últimos años se ha convertido en un verdadero problema social, que no distingue sexo, edad, ni condición económica.

¿SOY O NO SOY ALCOHÓLICO?

Hace muchos años encontré en el diccionario la palabra bacante «sacerdotisa de Baco (dios griego del vino); mujer descocada y ebria», rezaban las palabras. Y ahí, en ese momento, supe que había encontrado mi destino. Pero esa no es la realidad del porqué comencé a beber. Existe una gran variedad de razones, más profundas, por las que se llega al alcohol.

Algunas personas tienden a sentirse deprimidas, angustiadas o atormentadas por la vida; puede ser que se haya perdido a alguien querido, que nuestra infancia no fue un tiempo muy feliz o seguro, que se vive en una relación destructiva, que se terminó un matrimonio, que la persona sufra constantemente de abuso físico o psicológico dentro de su hogar o simplemente que se viva en la soledad más absoluta. Cualquiera que sea la razón, el alcohol funciona como un escape de esas vivencias o sentimientos no deseados.

☛ *El alcohol nos libera, nos ayuda a huir, nos protege de nosotros mismos, nos oculta y nos hace sentir falsamente seguros.*

Una vez que sentimos sus poderes libertadores, el círculo se cierra y entonces, seguimos recurriendo a él cada vez con mayor frecuencia.

Otros comienzan a beber como un mecanismo social. Esto se da especialmente durante la juventud. El alcohol es el alma de las fiestas, es el vínculo de hermandad, la manera en la que puedo relacionarme con mis compañeros y amigos. Con unas copas en la sangre la timidez inicial desaparece, el alma se envalentona, con unas copas más puedo hablar de lo que sea, ligarme al chavo o chava que me gusta, bailar, realizar las hazañas más atrevidas para ganar puntos en popularidad. El problema es que una vez atrapados en esta red, las cosas comienzan a girar inversamente.

El organismo de una persona joven (de los 12 a los 18 años) aún no está bien conformado, y con el consumo habitual del alcohol, su cuerpo comienza a generar una dependencia muy fuerte. Probablemente se comienza a beber por seguir a los amigos, pero una vez sometidos por el deseo constante de ingerir alcohol, la vida se llena de problemas. Parar no es una opción; lo que en un inicio fue un imán, se convierte en un repelente. Aquellos que nos buscaron, ahora se alejan de nosotros, las puertas se cierran, y súbitamente nos encontramos abandonados a nuestra suerte y, ¿qué mejor opción que seguir bebiendo?

Algunos aducen factores genéticos a su dependencia. En el proceso de investigación que me indujo a escribir estas líneas, no he encontrado ninguna fuente confiable que confirme este dato. Lo que sí puedo asegurar es que la probabilidad de que una persona se vuelva alcohólica cuando alguien de su familia lo es, es bastante alta, esto probablemente se debe a un proceso de imitación de los hijos hacia las actitudes y comportamiento de los padres, que a la genética. Si mi papá (o mamá) bebe, ¿por qué yo no? Cuando se proviene de una familia de bebedores el alcohol es un elemento indispensable, tanto en las reuniones familiares como en el seno del hogar. La bebida está siempre presente: en las celebraciones, en los funerales, en las reuniones, los fines de semana y ¿por qué no?, también a veces entre semana.

☛ *Sea cual sea la razón por la que se comienza a beber, una cosa sí es cierta, el alcohol funciona igual que una droga y al igual que ésta genera dependencias, tanto físicas como emocionales.*

Alcohólicos Anónimos cataloga a los bebedores de la siguiente manera:

- El *bebedor moderado* es aquel que tiene muy poca dificultad o ninguna en dejar el alcohol, si tiene una buena razón para hacerlo.
- El *bebedor fuerte* bebe en exceso lo cual le ocasiona graves problemas, tanto físicos como emocionales. Un bebedor fuerte es aquel que no sabe controlar su manera de beber, pero que en repetidas ocasiones lo intenta y tal vez llegue a lograrlo, aunque lo más seguro es que vaya a requerir de ayuda profesional.
- El *bebedor problema* es el que ya perdió el control por completo. Es aquella persona que hace cosas absurdas mientras está bebiendo, rara vez bebe «a medias», vive constantemente en una borrachera loca, olvida cumplir con los compromisos contraídos, es totalmente egoísta y falto de honradez, se acuesta cada noche completamente borracho

para levantarse, a la mañana siguiente buscando una nueva botella, y finalmente termina hospitalizado o muerto.

Tanto el bebedor fuerte como el problema están enfermos de alcoholismo, y en ambos casos es aconsejable buscar ayuda para poder dejar la bebida.

Nadie puede decirnos si somos o no somos alcohólicos. Eso es algo que sólo nosotros podemos decidir. Para saberlo basta con mirar fríamente nuestra manera de beber y contestar con honestidad las siguientes preguntas:

- ¿Puedo beber sólo una copa?
- ¿Ingiero alcohol más de dos veces por semana?
- ¿He faltado al trabajo o a la escuela por estar «demasiado crudo» o borracho?
- ¿He tratado de dejar de beber más de una vez y he vuelto a recaer?
- ¿He tenido lapsos de tiempo de los que no recuerdo nada?
- ¿He despertado orinado o vomitado?
- ¿Bebo solo o ya comencé a beber por las mañanas?
- ¿He estado hospitalizado o internado alguna vez debido a este problema?

En Estados Unidos existe una prueba llamada CAGE (la jaula) para comprobar si una persona es alcohólica. La persona en cuestión debe responder a las siguientes preguntas:

C. ¿Intento reducir la bebida?
A. ¿Me molestan las críticas acerca de mi forma de beber?
G. ¿Tengo sentimientos de culpa debido a la bebida?
E. ¿Uso el alcohol como liberador de la mente?

☛ *Si uno contesta sí a dos o más de estas preguntas, lo más seguro es que tenga un problema de alcoholismo.*

Pero esto me regresa a la aseveración inicial: No existe una persona que pueda decir si somos o no alcohólicos. Esa es una decisión personal, y es responsabilidad de cada persona decidir si quiere hacer algo respecto a su manera de beber o seguir por ese camino de «falsa felicidad», el cual va irremediablemente dirigido al panteón.

Alcohol, siete historias
testimonios

Ana —La verdad es que me casé muy enamorada. Al principio todo iba muy bien. No niego que a ratos me gustaba echarme una copita o dos, pero nada que no pudiera controlar. Pero cuando nació nuestro hijo y tuve que dejar de trabajar las cosas empeoraron. De repente tenía demasiado tiempo libre. Comencé a beber por las tardes para matar el tiempo. Para cuando llegaba mi esposo yo ya estaba medio jarra y entonces comenzaron los problemas. Él empezó a llegar más tarde y mientras más tarde llegaba más ebria me encontraba. Entonces iniciaron las batallas, él me gritaba que yo era una borracha y yo lo insultaba más fuerte. No pasó mucho tiempo para llegar a los golpes. Si él me pegaba, yo le pegaba más fuerte. La primera palabra de mi hijo fue «acha», que quería decir borracha. Conforme los problemas se hicieron más profundos lo mismo sucedió con mi manera de beber. Ya bebía a todas horas, me levantaba crudísima y para curármela me tomaba unas cervezas y le seguía con unos vodkas. Durante ese tiempo no recuerdo haber estado sobria nunca. Finalmente ocurrió lo inevitable. Mi esposo me dejó y se llevó al niño. Entonces me derrumbé. Pasé semanas completamente ahogada, despertaba bañada en vómito y algunas veces encontré mi cama llena de orines. Una amiga vino de visita y al darse cuenta de mi estado, me llevó a un grupo. Actualmente estoy tratando de recuperar a mi hijo.

LUIS —Cuando era chavito mis jefes me golpeaban un chingo. Mi jefa se iba a trabajar y me dejaba amarrado a una de las patas de la mesa pa'que no me fuera a escapar. La neta me la pasé de la chingada. A los doce años empecé a chupar. Primero fueron las chelas y después cualquier cosa que no pasara de los diez varos. Llegaba a la casa bien pedo y entonces las madrizas me valían, la neta es que ya ni me dolían. Con los cuates me la pasaba de poca, a veces agarrábamos la fiesta por varios días y ya ni llegaba al cantón. Un día, en una peda, agarré a mi jefa a golpes. Al día siguiente ni me acordaba, pero mi jefe se puso bien loco, me agarró de las greñas y me internó en una granja.

@@

CARLOS —Siempre fui un niño medio tímido y solitario. No sé cuándo me di cuenta de que me gustaban los hombres, pero mi papá era militar y yo, la verdad, es que le tenía un buen de miedo. Cuando empecé la prepa me invitaron a una fiesta. Me tomé unas cubas y finalmente rompí la barrera del silencio. Mientras más bebía, más hablaba y mejor me sentía. La verdad descubrí que yo era bien simpático y si no mal recuerdo, creo que hasta agarré un ligue. Entonces empecé a vivir una doble vida. En la casa me portaba como el hijo modelo, pero una vez afuera, la vida era lo mejor. Para cuando entré a la universidad ya tenía un buen de problemas. Comencé a decir muchas mentiras, le robaba la lana a mi jefa para salirme de fiesta. Dejé la escuela y me la pasaba bebiendo con los cuates y en un buen de antros gay. La verdad es que me dejó de importar y empecé a llegar borracho a la casa. Fue hasta entonces que mi familia se dio cuenta de que tenía un problema. Pero pues no podía dejar de beber, mucho menos decirle a mi papá que yo era «puto». Una noche agarré, sin permiso, el coche de mi hermana y pues tuve un accidente bien feo. Si sigo contando esto es de puro milagro. Mi papá me internó en una clínica. Todavía no sabe que soy gay.

௵

Olga —Mi hija se me murió una semana antes de su boda. Fue una cosa repentina y muy dolorosa. Sentí que me habían arrancado el estómago, el corazón y el alma. No sé cuánto tiempo lloré, pero en algún momento hasta las lágrimas se me acabaron. Entonces salí de la oscuridad de mi recámara y le puse un altar en la entrada de mi casa para no olvidarla jamás. Cada día compro flores frescas para que sepa cuánto la amo. Mis amigas me recomendaron que saliera de la casa, que dejara el luto sólo para mi corazón. Comencé a ir al casino. Las máquinas me distraían. Y pues una cosa lleva a otra. Primero fue un tequilita por noche. El tequila me calentaba la garganta, pero también el corazón y hacía la muerte de mi hija menos dolorosa. Para cuando me di cuenta estaba bebiéndome casi una botella por noche. Mi vida se dividió en dos partes: o estaba en el casino o estaba tirada en mi cama con las cortinas cerradas y sintiéndome bien deprimida. Olvidé las flores, comencé a olvidar a mi familia, pero cuando comencé a olvidar a mi hija, mi esposo habló conmigo. Ahora voy a terapia con un médico y he vuelto a poner flores en el altar.

௵

HILARIO —Siempre me han gustado las mujeres, mientras más chavas mejor. Tengo 50 años y todavía me siento como un chavito. Mi vieja es la mejor, pero pues yo me debo al mundo, ¿qué no? No tenemos hijos, pero nos llevamos de perlas. Me deja ser libre y eso es lo que más me gusta de ella. Hace unos años nos separamos. La verdad es que conocí a una súper *top model,* ¡qué viejorrononón! No manches, estaba buenísima. Ya me iba a largar con ella, pero como que se sacó de onda con mi manera de beber y pues me mandó a volar. No me importó, si algo sobra en este mundo son mujeres. Me encanta salir, echarme unos tragos, unas líneas de coca y ligarme una vieja. A mí me gusta el güisqui pero a ellas siempre les pido su champañita, no falla. Cuando no ligo nada, agarro unos güisquis, unos pases, me encierro en un hotel y pido unas putas. Con esas no hago nada, sólo platico ¡Qué viaje! Cuando me entra la paranoia me la bajo con unos alcoholes. Todo iba bien, hasta que mi vieja me vino a buscar. La verdad es que ya ni me acordaba cuánto tiempo llevaba en el hotel, pero pues parece que fueron varias semanas. Me encontró porque el taxista que me traía las líneas y el güisqui dejó de venir y creo que le hablé a mi vieja para que me trajera algo. No me acuerdo bien. Ahora estoy internado en una clínica. Mi enfermera está rebuena.

ÓSCAR —Nunca conocí a mi apá y mi madre se juntó con otro y se largó. Yo crecí con una tía. Acá en la colonia me apodan el «uñas», y es que soy bien bueno para eso del robo. Cuando nos sale bien el «trabajito», mis cuates y yo festejamos con unos alcoholes. Hace unos años nos agarraron y pues me entambaron. Estuve varios años en la cárcel. Pa no hacerles el cuento largo, me violaron, me arrancaron dos dedos y pues me hice bien adicto a las drogas y al alcohol. Cuando salí me vine pa acá. Hay que escapar del pasado, pensé. Pero unos meses después había regresado a lo mismo. A veces me paso la noche caminando bien pacheco. Donde me agarra el sueño pues ahí me tiro y me duermo. Mi prima me corrió del cantón y pues he estado viviendo en la calle desde entonces. Limpio parabrisas y junto unos pesos pa seguir consumiendo. Hace unos días pasó un güey en un carro y me estuvo hablando de Dios. La neta su rollo me latió y acepté su ayuda. Ahorita estoy en un anexo.

@@

Laura —Soy actriz. Lo supe desde que era niña. Hice un par de comerciales cuando era niña, ¿me vieron?, a los 17 comencé a modelar profesionalmente. Siempre he sido bonita, pero en el medio, pues hay muchas chavas mucho más lindas. Me la paso luchando contra todo: con mi peso, con las calorías que ingiero, con mi altura (soy bajita), con mi ropa y maquillaje. ¡Guácala! Mi mejor amiga también es modelo. Vivimos juntas desde hace un buen. Salimos a un mundo de fiestas, la verdad es que estoy esperando que me descubran. Soy actriz, ¿ya se los dije? La primera vez que me acosté con un güey estaba bien peda, me dijo que era productor, pero puro cuento. Mi amiga dice que soy alcohólica, que le da pena andarme cargando y sacando de los desmadres que armo, y ya no quiere salir conmigo, pero la neta me vale. Lo que más miedo me daba en la vida era envejecer, pero desde que me violaron entre varios en aquella fiesta, me paso las noches sin dormir, traté de suicidarme pero no tuve el valor. Hasta dejé de salir, bueno, salgo a comprar unas botellas de vino y me las empino, junto con unos antidepresivos, para sentirme mejor. Hace poco mi amiga me puso un ultimátum, o me internaba en esta clínica o me podía largar de su casa. ¿Contarán las calorías de la comida que sirven aquí?

¿Qué pasa con mi cuerpo?

El alcohol, al igual que cualquier droga lastima nuestro cuerpo de muchas maneras. Cuando ingerimos alcohol, éste entra directamente al torrente sanguíneo, una vez dentro de nuestro cuerpo, es función del hígado el descomponerlo. Si una persona consume alcohol a un ritmo más rápido de lo que su hígado puede procesar, la cantidad de alcohol en la sangre se eleva, se acumula en el organismo y se dirige directamente al cerebro, creando la ilusión de que estamos «alegres».

Dependiendo de la concentración de alcohol en la sangre aparecen los siguientes síntomas: disminución de la inhibición, locuacidad, conducta impulsiva, irritabilidad, agitación, somnolencia, dolor de cabeza, dificultades en la pronunciación al hablar, euforia y deterioro motriz, nausea y vómito, confusión, estupor (disminución de la actividad de las funciones cerebrales), incontinencia de esfínteres, coma, parálisis respiratoria y muerte.

En el proceso de eliminación del alcohol, nuestro cuerpo produce un químico llamado acetaldehído, responsable de las famosas «crudas» y todos sus síntomas; calambres, sudoración excesiva, ritmo cardíaco irregular, dolor de cabeza, deshidratación, dolor corporal, temblores involuntarios. Este químico tiene la peculiaridad de permanecer en nuestro organismo, aún tiempo después de que todo el alcohol ha sido eliminado y es el responsable de afectar seriamente al hígado, provocando la cirrosis hepática (cicatrices en el hígado) tan común entre los alcohólicos. También daña severamente al sistema digestivo causando úlceras y pancreatitis y, en casos menores, gastritis y hemorroides.

Con el alcohol transitando libremente por nuestro organismo, se promueve la dilatación de los vasos capilares, lo que hace que la piel se vuelva rojiza, principalmente en aquellas zonas en las que tenemos una concentración más alta de vasos, y provoca asimismo una sensación de falso calor, que se produce cuando la superficie de nuestra piel comienza perder calor. ¿Quién no ha visto alguna caricatura de un borracho con una enorme nariz roja?

El alcohol interfiere con la absorción de vitaminas, proteínas y nutrientes en el organismo. Un tequila no tiene los mismos nutrientes que un bistec. Cuando bebemos en exceso dejamos de comer, lo que origina en muchos casos malnutrición y anemia.

En las mujeres aumenta la producción de la hormona femenina conocida como estrógeno y en los hombres reduce la producción de la hormona masculina conocida como testosterona; razón por la cual muchos bebedores sufren de impotencia sexual.

Se dice que el alcohol en dosis moderadas es bueno para el corazón, pero en dosis muy altas llega a afectarlo severamente causando lo que se conoce como cardiopatía, ya que el corazón trabaja tanto que no puede soportar la carga y explota, esto se debe a que el alcohol daña el músculo del corazón, lo hace aumentar de tamaño y adquirir un tono muscular flácido; en casos menos graves produce hipertensión; aumento del pulso y la presión sanguínea.

Al llegar a nuestro cerebro, el alcohol también lo daña. En un estado no muy avanzado produce trastornos neurológicos leves, ya que modifica la estructura y función de los neurotransmisores, causando síntomas como insomnio y dolores de cabeza (sobre todo después de beber vino tinto), disminución de la alerta, retardo en los reflejos, cambios en la visión, pérdida de la coordinación muscular, temblores y alucinaciones. De ahí la gran cantidad de accidentes automovilísticos y laborales que se registran cuando las personas se encuentran bajo los efectos del alcohol.

En casos de mayor consumo, suprime la actividad en las áreas del aprendizaje y la memoria, y aumenta la actividad en las áreas relacionadas con las emociones, las respuestas sensoriales y el estrés. El daño en las células cerebrales y en el sistema nervioso periférico, es irreversible. El uso continuo del alcohol deprime el sistema nervioso central y es el responsable de la depresión clínica y de la confusión. En casos ya muy avanzados, la materia gris se destruye, lo que lleva a las alucinaciones, delírium trémens, y una gran variedad de trastornos mentales (entre ellos la psicosis).

El abuso del alcohol en el embarazo puede desencadenar el síndrome alcohólico fetal. Esto produce un retardo del crecimiento, alteración de rasgos cráneo-faciales, y malformaciones cardíacas, hepáticas, renales y oculares. El mayor daño se produce en el sistema nervioso central del feto, en el que puede aparecer retraso mental.

Algunos médicos lo responsabilizan también de una serie de enfermedades muy graves como: cáncer, insuficiencia respiratoria, sida, neumonía, osteoporosis y diabetes. No es que los provoque, pero al bajar las defensas de nuestro cuerpo, disminuye la producción de glóbulos tanto blancos como rojos, y nos hace mucho más propensos a contraer alguna de estas enfermedades.

Una vez que se deja de beber, y dependiendo del grado de alcoholismo, peso corporal y una serie más de factores, es recomendable realizarse un chequeo médico, por lo menos una vez al año, para conocer la extensión del daño que hemos impuesto sobre nuestro organismo. En casos extremos, es recomendable llevar a cabo la desintoxicación bajo supervisión médica.

2

Los siete caminos de la autodestrucción

Que salgan a la luz todos los secretos de vuestro fondo y cuando os veas desollados y despedazados, expuestos al sol, también vuestra mentira quedará separada de vuestra verdad

Federico NIETZCHE
Así habló Zaratustra

Una vez alguien me dijo que los seres humanos somos tan complejos como las cebollas, quitamos una capa y no pasa mucho, quitamos la siguiente y un par de lágrimas asoman en nuestros ojos, una más y comenzamos a llorar, y así sucesivamente. Para cuando llegamos al corazón estamos llorando profusamente. Somos tan complicados que ni nosotros mismos nos entendemos, entonces, ¿cómo queremos que los demás sepan lo que estamos pensando? ¿Cómo esperamos que sepan porqué actuamos de tal o cual forma?

A lo largo del día nuestra mente genera una cantidad inmensa de pensamientos. Escondemos los que no nos gustan y nos regodeamos en los que nos causan algún tipo de placer. Extrañamente, a veces los pensamientos que nos producen placer, no son siempre los más positivos.

¿A qué me refiero con esto? Por ejemplo, una persona con problemas de sobrepeso pensará: «estoy gorda, no me veo bien, me siento mal, estoy muy triste, voy a comer porque eso me hace sentir mejor»; pero si pensara: «estoy gorda, me voy a poner unos pants y voy a salir a caminar y después me voy a comer un delicioso plato de fruta», su mente encontraría muchísimas excusas para convencerla de seguir comiendo: «Pero ya los pants no me quedan. Hace demasiado calor. Por aquí no hay donde caminar. Mejor mañana me inscribo en un gimnasio. Aparte ni fruta hay y tengo que ir al mercado. Bueno, ya está, mañana mismo lo hago, mientras tanto: voy a comer». ¿Por qué pasa esto?, pues porque la comida está directamente relacionada con el placer y lo otro requiere de un esfuerzo extra que tal vez no estamos dispuestos a llevar a cabo. ¿Y quién no prefiere el placer sobre el esfuerzo y el trabajo?

Hace unos días me llamó una amiga por teléfono. Había bebido mucho y quería hablar con alguien. Me dijo lo siguiente: «Ya me tomé unas cubas. Pero no sé ni por qué. Fíjate, ya tengo la renta del mes siguiente, ya conseguí un trabajo nuevo, acabo de limpiar mi casa y está bien linda pero ayer me sentí muy deprimida. No sé por qué. A ver cómo me toreo a mi marido, me va a regañar un buen. Ya le hablé a mi hermana y ella me dijo que va a estar al pendiente para que no me sienta sola. Ya sé, ya sé. Es eso de día por día, pero pues hoy ya bebí y como ya bebí, pues ya nada más me voy a tomar otras tres y mañana vuelvo a dejar de beber». Para cuando su marido llegó a casa las tres se habían convertido en muchísimas más.

¿Por qué razón seguimos escogiendo vivir con la mente llena de estos pensamientos tan destructivos? El budismo afirma que todo placer nace de los apegos. En los dos ejemplos anteriores, las personas están apegadas a la comida y al alcohol. Pero no necesariamente tenemos que estar apegados a algo tan dañino. Podemos, por ejemplo, sentir apego por la belleza. Narciso era un joven tan hermoso que se enamoró de él mismo. Pasaba horas y horas mirando su reflejo sobre la superficie del agua, un día se agachó para mirarse mejor, cayó al agua y murió ahogado.

☛ *Cualquier apego excesivo produce adicción y cualquier adicción nos lleva directamente hacia la autodestrucción.*

Mientras más nos enamoramos del deseo de seguir haciendo «algo», más daño nos hacemos y más rápido nos olvidamos de los que nos rodean y sobre todo, nos olvidamos de nuestro ser inicial.

No nacemos así, a lo largo de la vida nos transformamos. Cada experiencia y cada acción moldean lo que somos. La vida no es sino un tránsito, brincamos de este instante al siguiente y la verdad es que la vida no se acaba sino hasta el momento de nuestra muerte.

Así como tenemos la capacidad de apegarnos a determinadas cosas y acciones, tenemos la misma habilidad para dejarlas ir y comenzar de nuevo. Tenemos la facultad de liberar nuestra mente y renacer. Podemos aprehender una serie de pensamientos nuevos y eliminar los ya aprendidos. Pero para eso se requiere una cosa que se llama voluntad. Palabra que viene del latín y que significa, nada más y nada menos que: desear o querer. En su raíz griega significa esperanza.

☛ *La autodestrucción es inacabable: es un maltrato continuo a nosotros mismos.*

Y la destrucción no es otra cosa que una ruina o un acabamiento, una inutilización total o desaparición de lo que somos. Y eso es lo que sucede, permitimos que el alcohol se convierta en el centro de nuestra vida y acabamos con todo lo demás. Lo que dejamos de notar es que somos nosotros los que comenzamos a desaparecer poco a poco, que conforme pasa el tiempo, vamos quedando hechos una ruina, acabados, inutilizados, paralizados por nuestra propia adicción.

Y esto me recuerda a la historia del hombre invisible. Después de muchas investigaciones, este científico medio loco consiguió producir una fórmula que lo hiciera invisible. «Voy a poder entrar a todos lados sin que nadie me vea, voy a conocer todos los secretos de los demás», pensó. Pero la realidad fue otra. Al ser invisible, la gente lo dejó de notar, lo arrollaron, lo pisotearon, le cerraron puertas en la cara y finalmente lo olvidaron. Y lleno de invisibilidad se quedó más solo de lo que jamás pensó encontrarse.

Algo semejante le sucede a un alcohólico. Comienza por ser el alma de las fiestas, se siente querido, reafirmado en su personalidad por la desinhibición que produce el alcohol, poderoso, amo del universo; pero conforme comienza a perder el control se convierte en un ser alienado, los amigos dejan de buscarlo, huyen de él cada vez que se emborracha, la familia no hace otra cosa que regañarlo, lo critican, chantajean e intentan imponerle condiciones, lo corren del hogar, y, al final, termina deambulando acompañado únicamente por una botella, «amiga inseparable». Termina siendo invisible hasta para él mismo.

Los enemigos del ánimo son muchos. Para entender nuestra mente es necesario conocerlos; una vez conocidos es mucho más sencillo lidiar con ellos. La voluntad de querer confrontarlos es sólo nuestra.

LA AUTOCOMPASIÓN

La niñez es una época crucial en el desarrollo de cada persona. En ella aprendemos gran parte de lo que nos va a definir a lo largo de la vida. Durante esta etapa se forma una gran cantidad de los patrones de comportamiento que vamos a seguir en la edad adulta.

Pero los padres no nacemos sabiendo cómo hacer las cosas. No existe un curso rápido que nos enseñe cómo educar a nuestros hijos para que se conviertan en seres perfectos. No. Como cualquier persona, nos encontramos llenos de cualidades y defectos, y gran cantidad de ambos se van a traspasar a nuestros hijos. Como padres cometemos muchos errores: queremos que nuestros hijos saquen sólo diez en la escuela, que se vistan como se nos antoja, que estudien lo que nosotros no pudimos o lo que nosotros estudiamos «para prolongar la herencia familiar», que practiquen el deporte que les escogimos, que tengan la novia o novio que mejor nos cae, que crean fervientemente en lo mismo que nosotros, en fin, que bailen al son que les tocamos.

La más de las veces descargamos nuestras frustraciones en ellos. No hemos entendido que cada niño nace con su propia energía, que debemos respetarla y hacer lo mejor posible que esté en nuestra capacidad, con las virtudes y defectos que contiene ese pequeño ser. Si el niño no sigue nuestras reglas nos enojamos, lo regañamos, lo insultamos y finalmente lo agarramos a golpes. Hablar con él y tratar de entenderlo está completamente fuera de nuestro razonamiento. Así nos educaron, y eso es lo que conocemos.

Para cuando el niño llega a la adolescencia hemos creado un ser lleno de frustraciones y miedo, una persona que gasta toda su energía en tratar de complacernos para evitar los castigos y la ira de los padres. Hemos creado un ser autocompasivo.

La autocompasión nace de la baja autoestima en la persona, y ésta es uno de los mayores obstáculos en nuestra vida. Nos produce mucho sufrimiento y nos impide realizar aquello que deseamos. Nos sentimos «malos», inútiles, culpables, incapaces, indefensos y menos valiosos que los demás.

La persona autocompasiva siente que lucha y lucha y no logra resolver su situación, está convencida de que la solución de sus problemas depende de lo que hagan o dejen de hacer los demás, vive pidiendo consejos a sus amigos, familia e incluso desconocidos, pero jamás los sigue, siempre tiene una razón para justificar lo que está haciendo, se siente completamente indefenso e incapaz de enfrentarse al mundo que lo rodea y para acabar está plenamente convencido de que la culpa es de alguien más, por ello tiene tan poco control sobre su vida y todo lo que le sucede, pero en el instante en que alguien trata de ayudarlo se siente molesto y ofendido. Al fin y al cabo, no es sino una víctima de las circunstancias. Y el papel de víctima le sienta como anillo al dedo.

«La verdad es que bebo porque mis papás me abandonaron cuando era chavito»; «si estoy así es porque tú ni me quieres ni me entiendes»; «¿cómo quieres que deje de beber si mi marido se la pasa gritándome?»; «¿no entiendes lo dolorosa que es la vida?»; «¿para qué dejo de beber si al final todo va a seguir igual?»; «es que siempre quise ser piloto pero mis jefes no me dejaron»; «¿para qué quieres que cambie si estoy gorda y soy bien fea?»; «la verdad es que no sirvo para nada»; «es que mi vieja se fue y me dejó por otro güey más carita»; «tengo una suerte de la chingada, todo siempre me sale mal»; «si estoy así es porque tú así me hiciste»; «la verdad todo esto es tu culpa».

Igual que cuando íbamos a la escuela, todos cargamos una mochila. En ella hemos ido acumulando una serie de recuerdos. Cada vez que nos encontramos en una situación que se sale de nuestro control, es muy sencillo abrir la mochila y sacar una herida o un rechazo y justificar lo que hacemos con ella. La autocompasión puede llegar a adueñarse a tal grado de nuestras acciones que sencillamente nos dedicamos a ser víctimas de las circunstancias, y en el proceso nos olvidamos por completo de todos aquellos que nos rodean. Sólo nos interesa que sigan escuchando lo mal que nos sentimos.

Cuando bebía podía pasar horas en un sillón «convenciendo» a mis hijas de lo terrible que había sido mi niñez. Jamás les preguntaba sobre la escuela, sus amigos, sus inquietudes, sus novios. No. Ellas tenían que comprender que yo estaba así porque la vida había sido terriblemente injusta conmigo. Y mientras más hablaba del asunto, mejor me sentía y más exagerado se hacía lo que había sucedido. ¿No era por eso que bebía constantemente?, ¿qué no entendían cómo me dolía la vida? Lo que no noté es que la mochila se hacía cada vez más pesada.

La verdad es a todos nos han herido al menos una vez en la vida, que todos hemos sido rechazados en algún momento, que no existe persona que no guarde algún recuerdo doloroso. Lo importante es la forma en que se mire. Se puede visualizar como un obstáculo (que era lo que yo hacía) o como un desafío a superar. Por supuesto que no es sencillo. Pero he aprendido a tomar conciencia de mis pensamientos, cada vez que surge un pensamiento autocompasivo, me detengo, lo escucho y después lo tiro a la basura.

Si me digo, es que siempre quise estudiar esto y no pude, tal vez ya no pueda estudiar eso, pero sí algo diferente que realmente me guste, sobre todo ahora con Internet, existe una gran gama de opciones. Si me digo «es que bebo porque mis jefes me abandonaron cuando era chavito», pues no me queda otro remedio que perdonarlos, tratar de romper con eso y convertirme en un padre estupendo para mis hijos. Si me digo, «es que estoy así porque tengo una suerte de la chingada», pues me levanto, me arreglo y salgo con una sonrisa y generalmente una sonrisa anima a cualquiera. Si mi niñez fue fea, no por eso tengo que repetir el patrón y darles una niñez igual a mis hijos, y si ya lo hice, puedo intentar que, de hoy en adelante, las cosas sean diferentes.

☛ *Otra forma de romper nuestras cadenas autocompasivas es el humor. Si nos sentimos dentro de una tragedia, lo mejor es salir, hablarla con alguien y exagerarla al máximo. A ver quién se ríe primero.*

Sea como sea. Una vez roto el hechizo de la víctima, podemos comenzar a ser lo que deseemos, inventarnos infancias hermosas, sentirnos príncipes, recuperar nuestros sueños o cambiarlos por nuevos, amar un poquito más, y lo más importante, reírnos de nosotros mismos.

La ira incontrolable

Ella baja la escalera incendiándose, a cada paso las llamas devoran lo que queda de su ser, ella no es más que calor. Al igual que el personaje de Ray Bradbury,[5] vivimos llenos de fuegos. Algunos arden suavemente y nos dejan una sensación molesta; los más están destinados a convertirse en hogueras que explotan de vez en vez; pero uno que otro se convierte en un incendio y es imposible apagarlo. Entonces, las llamas consumen nuestro cuerpo y obnubilan el pensamiento. Las cenizas que quedan no siempre son sencillas de recuperar.

Sentirnos enojados de vez en cuando es algo perfectamente normal. Gracias al enojo podemos liberar gran parte de las frustraciones y emociones negativas que vamos acumulando a lo largo de los días; sentirse molesto es una sucesión de fuegos pequeños, se encienden, a veces estallan modestamente, se observan con cuidado y posteriormente se apagan y se olvidan.

Pero el hombre verde es otra cosa. El increíble Hulk[6] no sabe controlarse, aunque en su caso es debido a algún experimento que salió realmente mal. En cada capítulo de esta serie ochen-

5 Ray Bradbury. *Cuentos.* Escritor de ciencia ficción alcanzó notoriedad con su novela *Fahrenheit 451.*

6 *The Incredible Hulk,* serie de televisión protagonizado por Bill Bixby como el Dr. David / Bruce Banner y Lou Ferrigno como Hulk.

tera, un científico, quien es bastante tímido y retraído, sufre al menos un enfrentamiento que le produce miedo y frustración, entonces la transformación es imposible de detener. Su cuerpo cambia y aparece un enorme hombre verde, realmente agresivo. Una vez que ataca y destroza todo a su alrededor, Hulk cambia y regresa el pequeño científico, quien siempre acaba huyendo de sus actos.

Lo mismo sucede con aquellas personas que no pueden controlar la ira. Se ponen literalmente «rojos de ira», y entonces la transformación física es evidente: los músculos se tensan, se respira con fuerza, la presión sanguínea se eleva a niveles realmente peligrosos y el cuerpo produce muchísima adrenalina. Es tan grande este aumento de la presión sanguínea, que la cara se pone completamente roja y las venas se saltan de manera visible. Pero mentalmente el efecto es aún peor. La mente se encuentra de manera literal «ardiendo», lo que produce una gran cantidad de sufrimiento.

Igual que le sucede a Hulk, la ira surge cuando nuestra razón choca contra algún objeto o persona que la hace sentir amenazada, herida o atemorizada. La respuesta cerebral es la de atacar para defenderse. Esto es muy común entre los animales. Al menor atisbo de un rival o enemigo, enseñan los dientes, emiten sonidos muy fuertes, se «crecen» físicamente, se miran a los ojos, se rondan, se acercan peligrosamente al otro, y si la amenaza no se retira, sólo quedan dos caminos: atacar o huir.

El efecto de la furia en nuestro entendimiento es similar al del agua hirviendo. El agua que hierve es tan turbulenta que nos impide ver el fondo de la olla. Este tipo de turbulencia mental es un gran obstáculo para la razón. Comenzamos por sentirnos heridos, traicionados y desesperados. El problema entonces, nos sobrepasa, se hace mucho más grande que nosotros y viene una gran sensación de impotencia y miedo.

Si nuestra personalidad tiene tendencia a ser iracunda, con unas copas encima y ya libre de inhibiciones, el problema se vuelve realmente grave. Conozco el caso de un hombre que en la sobriedad era una persona amable y bastante tranquila, pero una vez que comenzaba a beber, el monstruo aparecía. Insultaba a su esposa y la golpeaba continuamente, esa mujer pasó noches enteras encerrada en el baño. Tenía el coche abollado de los golpes que él le daba cuando ella intentaba refugiarse en él, y las más, llegaba al trabajo con la cara y el cuerpo cubiertos de moretones. Pero una vez que el influjo del alcohol se desvanecía, el hombre volvía a ser un hombre arrepentido, amoroso e increíblemente romántico.

Muchos hombres afirman que beben porque les gusta «echar bronca». Entre los jóvenes es común que después de una fiesta, se junten en grupos para golpearse los unos a los otros; los fanáticos deportivos disfrutan ampliamente de apalear a sus rivales; un hombre alcoholizado al volante gusta de pelearse con los otros conductores y si se lo permiten, ¿por qué no?, «agarrarse a madrazos». Pero cuando esta furia se arrastra hasta el hogar, las consecuencias son realmente trágicas. Entonces llegan a golpear a sus hijos, a sus padres y más comúnmente a sus parejas.

Entre las mujeres, la ira nos hace decir cosas e insultos de los que después nos arrepentimos, a veces golpeamos a nuestros hijos y en el peor de los casos, llegamos a agredir físicamente a nuestro esposo, compañero o a nuestra madre.

La ira es la mayor productora de tragedias. Es la destructora por excelencia de familias, relaciones amorosas y de amistad, e incluso de personas a las que ni siquiera se conoce. Una vez que la ira transita por nuestras venas, insultamos, maltratamos, vejamos y, en casos extremos, matamos. Basta mirar las estadísticas: gran parte de las peleas domésticas, maltrato a los niños, atracos, violaciones, estupros y asesinatos, son cometidos bajo la influencia del alcohol y de la ira.

Liberarnos de los sentimientos de cólera no es tarea fácil. Cuando nos sentimos realmente enojados, salir a correr, ir al gimnasio o practicar algún ejercicio físico vigoroso nos ayudará a descargar la tensión acumulada; también es bueno llamar por teléfono a algun amigo y hablar del problema o invitarlo a tomar un café o, simplemente, cambiar de actitud y ponernos a hacer algo completamente diferente, que no se encuentre relacionado con la fuente de nuestra irritación, como leer, ver una película, caminar o escuchar música.

Pero lo más importante es reconocer lo que estamos sintiendo y responsabilizarnos de esa emoción. Entender que no somos sino herederos de nuestras acciones, que tenemos en nuestras manos la posibilidad de transformar esta emoción en una más positiva. Y que es mucho más sencillo generar pensamientos de amor y compasión que el seguir luchando contra la impotencia, la ignorancia y el miedo que nos provocan los obstáculos que la vida nos pone enfrente.

Los resentimientos

Vivimos llenos de ilusiones, de promesas, de expectativas. Estamos plenamente convencidos de que los demás deben existir a la altura y semejanza que nos hemos formado de ellos y, cuando no lo hacen, nos resentimos terriblemente.

La palabra resentimiento viene del latín y significa «sentir de nuevo»; lo que quiere decir que repetimos un sentimiento, que tal vez en su inicio no fue tan grave, una y otra vez; mientras más recordamos, más dolor sentimos. El resentimiento es una herida que se inflige en nuestro ego y daña al orgullo. Paulatinamente se transforma en rencor; comenzamos a volvernos rancios, amargados, estropeados, aplastados. La herida se va haciendo enorme. Es como el perro que se lastima una pata, y sigue mordiéndose la herida hasta que sangra, se hace extremadamente dolorosa, se gangrena y si no se cura a tiempo, finalmente, o pierde la pata o muere.

La mayoría de los resentimientos se derivan de un orgullo herido, de esa sensación de que nuestra importancia personal no está siendo valorada como es debido. Pensemos en el Pingüino. Este villano de cómic que aparece en *Batman*[7], es el resentido social por excelencia. Creció dentro de una cloaca, abandonado por sus padres debido a su deformidad física, criado por pingüinos. A lo largo de las historietas está decidido a probar su valía intentando destruir a Ciudad Gótica, en un vano intento de vengar el rechazo social del que ha sido

7 Batman (conocido inicialmente como The Bat-Man) es un héroe creado por los estadounidenses Bob Kane y Bill Finger (aunque sólo se reconoce la autoría al primero) propiedad de DC Comics. Su primera aparición fue en la historia titulada «El caso del sindicato químico» de la revista *Detective Comics* n.º 27, lanzada por la editorial National Publications en mayo de 1939.

víctima. Y todo lo que intenta este personaje, es simplemente probar que él es, por supuesto, mejor que los demás.

El alcohol es el elixir perfecto para lidiar con los resentimientos. Mis padres jamás me prometieron distinguirse por su excelencia en la crianza de niños; desde mi nacimiento jamás escuché nada similar, pero automáticamente, yo produje la fantasía de que así era como debía ser. Cuando esto no ocurrió, crecí llena de resentimientos. Tal vez, ellos hicieron lo mejor posible, sólo que la percepción de la niña era diametralmente opuesta a la realidad. Y conforme el resentimiento iba creciendo en mi interior, más coartaba la posibilidad del verdadero amor. Mis padres se sintieron impotentes, desesperados de no saber cómo tratarme.

Lo que naturalmente debería haber sido una relación positiva e íntima, se convirtió en una declaración de guerra, durante la cual, y a través de los años, se libraron muchísimas batallas. Cada acto de mis padres era entonces, una razón más para seguir ahondando en la herida y para confrontarlos con la rebeldía adquirida con el paso del tiempo. Para mí, era la excusa perfecta para seguir bebiendo.

Dentro de una mente alcoholizada los pensamientos giran a una velocidad vertiginosa: «es que me lo prometió y ahora se echa para atrás»; «fulanito me las va a pagar por lo que me dijo»; «¿qué no te acuerdas de lo que me hizo ese pendejo?»; «pinche güey, me prometió un ascenso y va y se lo da al pinche Pérez»; «y yo que me mato haciendo esto y lo otro y nadie se da cuenta»; «pero vas a ver, la verdad es que me voy a vengar por *todo* lo que dijo de mí y por *todo* lo que me hizo».

Y mientras más profundizamos en este tipo de pensamientos, más alcohol ingerimos. Dentro de todos los grupos de AA cuelga una frase: «Vive y deja vivir». Si mis padres no fueron lo que yo esperaba, si mi jefe no reconoce la increíble labor que estoy llevando a cabo, si mis amigas se la pasan criticándome, si mi pareja olvidó nuestro aniversario, si mis hijos no se comportan como yo quisiera, etcétera, pues eso es problema de ellos, no mío.

Pensemos en estas dos palabras: ¿y qué? Una mañana, mi hija mayor salió a la escuela y no regresó. Pasé horas en un estado terrible, llamé a toda persona conocida, me enojé, lloré, estaba realmente desesperada por encontrarla. Horas más tarde me avisó que se iba a vivir con su abuela, que estaba harta de mi alcoholismo y de mis neurosis. Me sentí destrozada, humillada, un verdadero fracaso como madre. Quise volver a llamarla y gritarle, traerla de vuelta con violencia y someterla a mi voluntad.

Partí de casa hecha un mar de lágrimas y fui a ver a un amigo. Cuando le conté mi situación me dijo: ¿y qué? »¿Es que no entiendes cómo me lastimó?» ¿Y qué?, respondió. Y mientras más razones para sentirme resentida le daba, siempre me respondía: ¿y qué? Regresé a mi casa enojadísima, peor que cuando salí. Pero a lo largo de la noche comencé a reflexionar y a contestarme a mí misma de igual manera: entonces me di cuenta.

Al día siguiente la llamé por teléfono. Le dije que mi casa siempre iba a estar abierta para ella, que respetaba su decisión y que mi corazón estaba lleno de amor para ella. No fue tan malo. Nuestra relación ha mejorado mucho y con el tiempo ha comenzado a venir más y más seguido. Mientras escribo estas líneas estoy segura de que no falta mucho para que regrese a mi hogar.

Para sanar los resentimientos debemos comenzar a ver la vida con un poco más de humildad y respeto, disminuir paulatinamente nuestras dosis de orgullo y egocentrismo, dejar de repetir en nuestras mentes aquello que nos hicieron y tratar de pensar en qué vamos a hacer para mejorarlo, olvidar que somos tan importantes y tomar conciencia de nuestro valor propio.

Dentro de mí existe la capacidad de transformarme en lo que deseo y quiero ser. Esta es mi vida: única, individual, indivisible, perfecta, armónica. Sólo en mí está la posibilidad de hacer con ella algo mejor que lo que tengo. Dejemos que sea el otro el que se enoje. Toleremos que el otro haga con su vida «un papalote». Tomemos en nuestras manos la increíble oportunidad de vivir nuestra vida con amor, respeto y dignidad.

La soledad

¿A quién no le gusta estar solo un tiempo para escuchar música, descansar, ir a la playa, mirar el atardecer, leer, caminar por el parque o simplemente pensar? Estos momentos son maravillosos, pero cuando la soledad deja de ser una elección personal y se convierte en algo cotidiano, la cosa cambia.

Estamos solos cuando nos sentimos aislados, excluidos del mundo, estamos solos cuando nadie está dispuesto ni es capaz de compartir nuestra vida, cuando perdemos todo contacto espiritual con los demás seres humanos.

Este estado genera angustia, depresión y paulatinamente nos vamos sintiendo más infelices. No importa si estamos rodeados de personas o si hemos naufragado en una isla desierta, el sentimiento de incomprensión se convierte en una carga muy pesada.

Muchos de los alcohólicos comenzamos a beber para sentir que formamos parte de «algo», cuando nos tomábamos unas copas nos sentíamos cómodos con nosotros mismos y por ende encajábamos. Los bares, antros y fiestas privadas eran nuestro elemento, en ellos nos sentíamos como pez en el agua. El bullicio, el ruido y la posibilidad de poder comunicarnos con otra persona nos sentaban como anillo al dedo. Podíamos hablar de lo que fuera con cualquiera. La desinhibición, producto del alcohol, era el elixir perfecto.

Pero con el paso de las horas y con unos tragos de más, el resultado era catastrófico. Llegamos a hacer cosas de las que jamás nos creímos capaces, probablemente dijimos o hicimos algo de lo que después nos arrepentimos. Y a la mañana siguiente, nos sentimos invadidos por un enorme sentimiento de culpabilidad. En nuestro interior sólo quedaba una sensación de tristeza, un sabernos diferentes, «bichos raros», apartados y cada vez más solos. Para apagar esta emoción no había nada mejor que volver a beber.

En la película *Adiós a Las Vegas,*[8] Nicolas Cage interpreta a un alcohólico desahuciado que ya lo perdió todo y decide irse a las Vegas para beber hasta morir. Durante su camino autodestructivo, conoce a una prostituta, quien se siente igual de sola. Es ella quien lo ayuda a morir. Pero no es necesario terminar como este personaje para sentir que ya lo hemos perdido todo. Lo que sí es seguro, es que con el tiempo acabaremos bebiendo solos.

Aún los bebedores solitarios nos encontramos rodeados de gente; un esposo, los hijos, los padres, la familia, los amigos,

---

8 *Leaving Las Vegas* es una película de 1995, dirigida por Mike Figgis, protagonizada por Nicolas Cage y Elisabeth Shue, por cuyas interpretaciones ambos actores resultaron nominados al Oscar al mejor actor, aunque sólo Nicolas Cage consiguió ganar el premio. La película está basada en la autobiografía de John O'Brien, que se suicidó pocos meses antes del estreno de la película.

etcétera, sólo que los canales de comunicación se han roto. El diálogo entonces se vuelve interior. Pasamos horas enteras hablando con nosotros mismos, porque estamos convencidos de que nadie más nos entiende, pero ¿cómo esperamos que nos entiendan si ni siquiera nosotros mismos lo hacemos?

Finalmente nos convertimos en prisioneros de nuestra propia soledad. Cuando dejé de beber, no sabía cómo comunicarme con los demás; las personas me atemorizaban, me desesperaban, me sacaban de quicio. La sola idea de que alguien se acercara y me diera un abrazo era terrorífica. Hasta la fecha, me asusta entrar a un salón lleno de personas, evito sentarme en las filas de enfrente, y si puedo encontrar alguna excusa para evitar las salidas en grupo, mucho mejor.

Pero lo que aprendí es que está bien conversar con los demás, que todo eso que me pasó, también le sucedió a otro. Si hablo de las cosas que me duelen, con el tiempo dejan de hacerlo y se transforman en simples recuerdos. Que las ideas, sueños y experiencias de los demás son igual de importantes que las mías. Mi hija pequeña y yo tenemos un ritual que se llama «hablar de nuestros sentimientos» y compartimos las cosas que nos duelen y las que nos hacen felices, al menos una vez por semana.

Estoy consciente de que jamás hubiera logrado recuperarme completamente sola, que los seres humanos necesitamos de los demás para seguir existiendo y que es a través de la comunicación y sólo a través de ella, que crecemos y recuperamos todo lo que ya creíamos haber perdido.

El miedo

Juan sin miedo[9] es un personaje estupendo. Los habitantes de un pueblo le piden que pase la noche en una casa llena de demonios de la cual nadie ha salido con vida. A la mañana siguiente, y con una gran sonrisa dibujada en su rostro, aparece Juan sin miedo con un costal lleno de demonios medio muertos.

Ojalá todos pudiéramos ser tan valientes como Juan, pero la verdad es que estamos llenos de miedos. El miedo surge cuando nos sentimos perturbados o amenazados, ya sea real o imaginario, no importa si el evento es pasado, presente o futuro.

¿A quién no le dijeron algo similar cuando era niño?: «si no te portas bien va a venir *el coco* y te va a llevar»; «si no eres un buen niño, Diosito te va a castigar»; «mocoso infecto, cuando llegue tu padre te voy a acusar, y vas a ver cómo te va a ir»; «no te vayas a salir a la calle porque vienen los roba chicos y te llevan»; «sigue así y te vas a ir al infierno»; «la verdad es que ni lo intentes porque eres un idiota»; y entonces comenzamos a sentirnos amenazados y automáticamente nuestra mente genera una barrera de protección: el miedo.

Crecemos, y en casi todos las motivaciones de nuestra vida aparece esa barrera, la cual no tiene otra intención que la de frenar o condicionar nuestras acciones. El conocimiento de estas barreras ha sido ampliamente utilizado a través de la historia. Recuerdo la historia de un oficial nazi que escapa a una isla en donde habita una tribu muy agresiva[10]. El alemán comienza a apoderarse de los habitantes mediante el uso de la magia negra, misma que ellos practican. Pasa los días untando sangre sobre

9 Personaje de un cuento de los hermanos Grimm.
10 Morris West. *Kundu.*

las caras de los íconos, elabora intrincados amuletos con cabello y uñas y los aldeanos caen muertos de espanto al verlos. En este caso, la creación de un sistema de control basado en el miedo funciona con gran éxito.

El miedo se convierte entonces en un ejercicio de autoridad. Tememos a nuestros padres, a nuestros jefes, a nuestra pareja (sobre todo en el caso de las mujeres), y a todo aquel que ejerza algún tipo de control sobre nosotros.

Cuando el miedo se apodera de nuestra vida el resultado es que comenzamos a sentirnos frustrados, incapaces de llevar a cabo aquello que deseamos, fracasados y por ende, perdemos toda confianza en nosotros mismos. Y entonces: bebemos.

Nos asusta que se burlen de nosotros, perder aquello que hemos conseguido, quedarnos solos, morirnos, fracasar, que nos regañen o castiguen, el simple hecho de «no poder», y preferimos evadir la ansiedad que esto nos produce bebiendo unas copas. El alcohol nos libera automáticamente de esos sentimientos. Con él circulando por nuestras venas, somos los auténticos «reyes del universo», somos Juan sin miedo, podemos hacer lo que sea y con unas copas más, dejamos de medir las consecuencias y somos los más temerarios.

Pero lo que en realidad sucede es que una vez alcoholizados comenzamos a perderlo todo. Que los demonios que llevamos en el costal, los que atrapamos mientras bebíamos, son ficticios.

Comencemos por lo material, invertimos una gran cantidad de dinero en comprar alcohol, invitamos copas a cualquiera que quiera beber con nosotros y a veces, hasta pagamos «una ronda para todos», olvidamos cosas en los bares, cantinas y otros lugares, como las chamarras, la billetera, el bolso o los papeles importantes; chocamos nuestro auto o lo empeñamos para seguir consumiendo, muchos llegan a «beberse» sus negocios, y cuando todo se acaba, se llega al extremo de robar para conseguir más alcohol.

Posteriormente perdemos a los amigos, a la familia, el empleo y hasta a los compañeros de parranda; conforme pasa el tiempo, comenzamos por perder la salud, la autoestima, los sueños, la dignidad y el respeto. Y finalmente perdemos la vida.

El miedo es similar a una pistola paralizadora. Si nos disparan con ella una vez, probablemente nos quedemos helados, sin capacidad de movernos durante un tiempo, pero volvemos a movernos y seguimos avanzando. ¿Pero qué sucede si nos disparamos con ella muchas veces durante el día? Así es como vivimos los alcohólicos. Llenos de miedo. Nos avergonzamos de nuestras acciones, tememos que las personas se enteren de todo lo que «hicimos», nos asusta no poder seguir consumiendo alcohol o drogas, estamos aterrados de confrontar a nuestros padres, hijos, esposa o jefe y escuchar sus opiniones, porque muy en el fondo sabemos lo que piensan de nosotros, nos asusta la vida, tomar decisiones, buscar un nuevo empleo, retomar un sueño, estudiar algo que nos gusta, pero más que nada, nos da pánico pasar un día sin beber.

Suspender el consumo el alcohol no produce mágicamente que los miedos desaparezcan. Al contrario, una vez «tapada la botella», van a comenzar a salir a la superficie y es entonces que nos vamos a encontrar en la capacidad de poder lidiar con ellos. Buda dice que el miedo no es sino una manera distorsionada de concebirnos, de mirar al mundo que nos rodea.

En mi caso, siempre tuve miedo de no ser lo suficientemente «buena» para que mis padres me quisieran; pasé muchos años intentando comprobar que yo era la más inteligente, la más capaz, que era súper poderosa. Y a cada rechazo «¿por qué sigues escribiendo poesía que nadie lee?»; «¿colgar uno de tus cuadros en mi casa, para qué?»; «¿no te has dado cuenta de que eres una pésima madre?»; «¿para qué me hablas de ese fulanito si todo lo que sabes es escoger hombres pésimos?»; «¿para qué te ayudo si al rato vuelves a beber y lo dejas todo tirado?»; «vete de mi casa, no quiero volver a saber nada de ti, la verdad es que no vales nada como ser humano, sólo piensas en ti»; más miedo sentía de fracasar, me convencí de que no podía, de que lo mejor era hacer aquello que «estaba bien» y no lo que yo quería y sabía hacer y como eso me producía gran infelicidad, pues bebía.

Los miedos siempre me van a habitar, viven conmigo pero ahora he logrado que duerman. Cada día es un renacer, un reinventarme para comenzar a conocerme poco a poco, cada día reafirmo más quién soy y lo que quiero ser. Cuando uno de ellos despierta, respiro con calma, lo miro y lo reconozco, hablo con él y a veces hablo de él con alguien, le doy las gracias por existir y haberme ayudado a ser mejor persona, le pido una disculpa por no permitirle seguir despierto y entonces sigo haciendo lo que yo creo que es mejor para mí.

☛ *Hoy cargo a todos mis demonios dentro de un saco y ya no les permito escapar.*

La angustia

Un hombre sale de casa, va y se toma unos tragos, animado por ellos, apuesta en los juegos de azar. En una noche pierde prácticamente todo su salario. A la mañana siguiente se siente terrible. Entonces repite la acción, sólo que esta vez, además del resto de su salario, deja la tarjeta de crédito hasta el tope; subsecuentemente, y en la creencia de que esta vez sí se va a recuperar, empeña su coche, las alhajas de su mujer y finalmente llega a tomar dinero de la empresa. Al final ya no puede más. Se siente enfermo, culpable por sus acciones, angustiado y para no pensar más, continúa bebiendo.

La angustia es un estado en el cual nos sentimos preocupados, agitados, culpables, inquietos y nuestra mente parece incapaz de concentrarse en nada. Nuestro cuerpo responde produciéndonos taquicardia, insomnio, sudoración excesiva, temblores y sensación de falta de aire.

El sentimiento de angustia es similar al de una superficie de agua barrida por el viento. Las aguas se agitan constantemente, por lo cual nos es imposible mirar el fondo; así sucede con nuestra mente, está tan ocupada creando olas en la superficie que le es imposible mirar en el interior del estanque.

Esta forma de pensar recibe el nombre de BTF o «baja tolerancia a la frustración». Las personas que sufren de este problema desean que su vida transcurra como ellos lo desean, sin demasiados problemas o situaciones molestas, porque cuando éstas aparecen, se sienten incapaces de soportarlo. Quisieran que el resto del mundo enmudeciera. Los reclamos, opiniones, y sentimientos de los demás son insoportables en su mundo. La vida debería de transcurrir cómodamente y sin grandes sobresaltos. Cualquier situación contraria les produce una cantidad enorme de estrés y los hace sufrir.

En el instante mismo en el que comenzamos a pensar «me estoy angustiando», es como si jugáramos con una de esas muñecas rusas que llaman *matrioskas.* Quitamos la primera y aparece la siguiente y la siguiente y la siguiente. Es el cuento de nunca acabar, y mientras más pensamientos tenemos, más angustiados nos sentimos. Hasta que finalmente comenzamos a sentir pánico, a hiperventilar y en algunos casos a perder el conocimiento.

Por supuesto que la mejor solución posible para contrarrestar estos sentimientos es la de beber. Con un poco de alcohol las cosas se normalizan y todo lo que nos molestó, se convierte en un «me vale madres»; «no me estés chingando»; «¿por qué haces eso si sabes cuánto me molesta?»; «calladita te ves más bonita»; «¿y rematadamente a ti qué te importa?, nadie te pidió tu opinión».

Nos sentimos angustiados cuando pensamos que los demás van a creer que somos unos inútiles, unos fracasados, que no estamos esforzándonos, que somos incapaces de llegar a la altura de lo que esperan de nosotros.

Madame Bovary,[11] gasta todo el dinero de su marido en vestidos lujosos. A lo largo de esta novela de Gustave Flaubert, parece que se divierte mucho, enamorada del amor y recreando situaciones de las novelas románticas que tanto ha leído. Pero al darse cuenta de que la deuda que tiene con el usurero sobrepasa sus posibilidades de pago, cae en un estado tal de angustia que termina con su vida, en una de las muertes más memorables de la literatura clásica, envenenada con arsénico.

---

11 Gustave FLAUBERT. *Madame Bovary.*

La angustia y el estrés pueden llegar a hacernos creer que es «el fin del mundo», que no existe escapatoria posible para solucionar el problema que enfrentamos. Nos sentimos realmente impotentes y enfermos. Nos dejamos caer, probablemente pasemos mucho tiempo viendo la televisión, jugando en la computadora o simplemente en silencio haciendo crecer dentro de nuestras mentes el oleaje de la superficie.

El primer paso para detener este problema es el de reconocer que nos sentimos angustiados. Posteriormente fijemos nuestra mente en algo completamente diferente a lo que estamos sintiendo y tratemos de mantener la idea hasta que comencemos a sentirnos más calmados. Ya más tranquilos, debemos preguntarnos por qué nos sentimos angustiados. Reconocer la raíz del problema es un paso muy importante. Finalmente hay que preguntarse «¿qué voy a hacer para cambiarlo?».

Por supuesto que el cambio va a ser muy difícil y va a exigir un gran esfuerzo de nuestra parte. No es necesario aventarnos y tratar de solucionar todo en un instante. No. Todos los cambios son paulatinos y a veces extremadamente dolorosos.

Personalmente, todavía me angustia muchísimo pensar cómo voy a cubrir mis compromisos económicos cada mes. Pero ahora sé que si trabajo un poquito más, tal vez si gasto un poco menos y ahorro, probablemente salga este mes. Y si no lo hago, pues que corten el teléfono, ¿y qué?, que comamos más frijoles, ¿y qué? Si no logro cubrir la colegiatura de mi hija este mes, pues el mes que sigue dejo de pagar otra cosa y le abono la diferencia; y si un mes sobra algo, pues me doy un pequeño gusto para recompensar mi empeño. Y así, con malabarismos, la vida sigue.

☛ *Pero hoy, puedo mirar debajo del oleaje y estar completamente segura de que estoy dando mi mayor esfuerzo y que el mes que viene va a ser mucho mejor, porque cada día que pasa, yo soy una mejor persona.*

Euforia y depresión

Durante mucho tiempo estuve convencida de que sufría de un trastorno maníaco depresivo. De las euforias más estupendas pasaba a un horrible estado depresivo. Busqué muchas soluciones; fui con un acupunturista, con un psicológo, ingerí gran cantidad de medicamentos, estudié Reiki, budismo, aromaterapia, leí una enorme cantidad de libros, y nada parecía dar resultado.

Cuando me encontraba en la fase eufórica el mundo me pertenecía; el dolor desaparecía por arte de magia, podía «ver» el viento, todas las sensaciones físicas se intensificaban y la alegría salía de mi ser a borbotones. Estos eran los momentos perfectos para irme de fiesta, mi inteligencia se agudizaba y podía hacer reír a los que me rodeaban por horas.

Pero al momento siguiente llegaba la oscuridad. Entonces el dolor era tan grande que me quedaba paralizada. Evitaba salir de casa, lloraba mucho, en ocasiones no podía levantarme de la cama, sufría migrañas, y en una de las peores, incluso perdí la capacidad de tomar decisiones y pasé un mes en casa de mis padres incapaz de decidir hasta que ropa ponerme ese día, todo lo que hacía era permanecer sentada en la oscuridad llorando.

Cuando estamos deprimidos nos sentimos derribados, abatidos, inmensamente tristes, desgarrados, adoloridos, el mundo nos atormenta y no existe razón, persona o consejo que logre levantarnos.

La mayoría de los alcohólicos nos sentimos deprimidos porque el alcohol es el depresor nervioso por excelencia; afecta al sistema nervioso central y provoca, primero los estados eufóricos y posteriormente los depresivos. Aun así, existe otro tipo de depresión, la cual se da por un desbalance químico en el cuerpo. Ésta va a requerir necesariamente, de tratamiento médico y no es la que nos ocupa en este libro.

Pero para muchos alcohólicos este no es el caso. «Podía beber durante varias semanas y pasármela de lujo. Ni siquiera regresaba a mi casa. Pero cuando llegaba, podía pasar hasta dos semanas encerrado en un clóset llorando. Nadie podía sacarme de ahí». «Durante meses brincaba de un lado a otro, salía con mujeres, escribía música, me subía a mi moto y literalmente volaba. Pero después, pasaba meses tirado en la cama mirando el televisor apagado con una enorme sensación de tristeza». «En varias de mis borracheras, y bajo el influjo de la depresión, traté de suicidarme. Ingerí pastillas, metí la cabeza en el horno, e incluso traté de cortarme las venas. Sólo que jamás me apliqué mucho, la verdad es que muy dentro tenía terror de morir. Todo lo que deseaba era que los demás se dieran cuenta de cuánto sufría».

La depresión, así como la euforia, aparecen sin ningún motivo aparente. En un instante, algo hace *click,* dentro de nuestra cabeza y cambiamos de un estado al siguiente. Ambos estados son un buen pretexto para beber. El problema es que mientras más alcohol ingerimos, más se intensifican los cambios emocionales.

Algunos síntomas de la depresión son: insomnio, desgano y apatía, falta de apetito, tristeza profunda, ansiedad, alteraciones del pensamiento (la memoria se debilita, nos sentimos culpables, perdemos la capacidad de concentración, y comenzamos a inventarnos enfermedades), alteraciones del comportamiento, cansancio, pérdida del placer sexual, culpa excesiva y finalmente vienen los pensamientos suicidas. Estadísticamente una gran cantidad de personas que acaba con su vida, lo hace bajo el influjo de un estado depresivo.

Conforme seguimos bebiendo, el cuerpo comienza a pedir cantidades mayores de alcohol. A diferencia de lo que se piense, mientras esto sucede, los estados eufóricos comienzan a desaparecer y los depresivos toman control de nuestros días. En los estados más graves de alcoholismo se vive en un mundo depresivo absoluto. Tenía un amigo, quien era abstemio jurado, porque su papá lloraba y lloraba cada vez que bebía, lo que sucedía prácticamente a diario.

El alcohol produce e incrementa los estados autocompasivos, y de angustia; da un «subidón auténtico» a los estados de ira, nos hace sentirnos solos e incomprendidos, incrementa nuestros miedos más profundos, y saca a flote los resentimientos. Todo ello nos conduce irremediablemente hacia la depresión. Y una vez instalados en ella, la salida es bastante complicada.

La vida finalmente se derrumba. Perdemos el control, estamos acabados, muertos en vida. No existe sueño, ilusión, esperanza, deseo o amor que logre rescatarnos. Es el fin del mundo. La única salida posible es la muerte.

La depresión no es fácil de controlar. En mi caso, no fue sino hasta que suspendí mi consumo alcohólico que la vida comenzó a tomar un poco de claridad. Durante varios meses los estados de depresivos siguieron rondando mis días, pero al paso de los meses han comenzado a desaparecer. Hay que permitir que el cuerpo se desintoxique. No existe un tiempo específico, todo depende de la cantidad de alcohol y tiempo de consumo, así como de nuestra constitución física.

En casos muy graves es recomendable tomar medicamentos, bajo supervisión médica, mientras la vida se normaliza. Pero una vez que lo hace, el esfuerzo vale la pena. Los sueños, las ilusiones, los deseos, las esperanzas y sobre todo el amor, regresan a nuestros días, y esa euforia loca, producto del alcohol, se transforma ya sin él en paz y alegría que llenan nuestro espíritu e invaden nuestro mundo de luminosidad.

3

Los caprichos de la razón o la razón de los caprichos

Las tristezas no se hicieron para las bestias sino para los hombres; pero si los hombres las sienten mucho, se vuelven bestias

MIGUEL DE CERVANTES SAAVEDRA
El ingenioso hidalgo don Quijote de La Mancha

Nos encaprichamos con las cosas más nimias. Queremos tener a la mujer o al hombre que nos gusta, dinero para hacer y comprar lo que nos venga en gana, libertad absoluta. Queremos a nuestros hijos bailando al son que tocamos, a nuestros padres dándonos siempre las respuestas esperadas. Todo debe de ser exactamente como lo deseamos y cuando lo deseamos. Si el mundo no gira exactamente en la dirección esperada, nos sentimos impotentes, frustrados, desesperados.

Entonces elaboramos los más intrincados berrinches. Dentro de cada uno de nosotros vive un niño; a veces se encuentra asustado, herido, temeroso, lleno de angustia; otras es caprichudo, necio, arbitrario, gritón; y otras pocas es verdaderamente feliz y se siente contento, amado, protegido y seguro.

Ese niño, escondido en nuestro interior, ejerce control sobre nuestras acciones con bastante frecuencia. ¿Qué pasa cuando las cosas no salen como lo deseamos?, ¿cuándo esperamos algo y lo que recibimos no se ajusta a lo que pensamos? Nos enojamos, gritamos, insultamos; si no resulta, entonces intentamos seducir o chantajear, y finalmente lloramos y culpamos a alguien más.

☛ *Cuando nos encaprichamos, tomamos decisiones de manera arbitraria, inspiradas únicamente por un antojo, por un estado de ánimo o por puro placer. La razón queda completamente anulada.*

«¿Por qué no puedo ir a la fiesta con mis amigos?, ¡qué te pasa, ni que fuera el fin del mundo y tú jamás hubieras salido!, ¡me cae que nunca, ¿escuchas?, nunca te voy a volver a hablar! Ándale, ma', por favor, te prometo que si me dejas ir esta vez, no salgo en un mes. ¿Sí?, es que es la despedida de la Pao y ya sabes cómo la quiero, y mañana te acompaño a donde tú quieras. La verdad es que no te entiendo. Búscate una vida y déjame vivir la mía, desde que mi papá te dejó estás insoportable. Mañana mismo me largo de esta casa».

Pero estas rabietas no muestran más que nuestra incapacidad para desapegarnos de las cosas o personas. Conozco el caso de un hombre que se enamoró perdidamente de una muchacha, sólo que ella era lesbiana. Ella no le prometió nada más que amistad, pero a cada negativa de tener una relación, él se iba enojando más y más. Trató de convencerla apoyándola con dinero para su manutención, si ella llamaba, él salía corriendo de inmediato a verla, gastó todo su ingreso en tratar de convencerla de su amor. Pero ella no cambió. Entonces comenzó a enojarse. Fue a su casa y le gritó, la insultó. Finalmente le quitó el suministro de dinero. Ella siguió en las mismas. Él sigue sufriendo diariamente. «Es que ella no me prometió nada. Es mi culpa por necio, pero no me la puedo sacar de la cabeza».

Esta situación lleva ya más de un año. Lo que él no puede ver es que es un muchacho bien parecido, una persona bondadosa y llena de cualidades, que ha superado una adicción muy grave a las drogas y al alcohol, y que podría tener una relación sana y positiva con cualquier mujer. Pero es tan grande el apego por esa muchacha, por tratar de transformarla en algo que ella jamás va a ser, que ha perdido la capacidad de razonar.

En *La República* de Platón,[12] hay una parábola sobre una cueva (el mito de la caverna) que define esta situación. Dentro de la cueva se encuentra una fila de personas encadenadas de espaldas a la entrada. Ellos sólo pueden mirar la pared que tienen enfrente. Detrás de ellos se encuentra una hoguera y una procesión de gente que lleva a cabo sus actividades cotidianas, pero los encadenados sólo pueden ver las sombras de lo que sucede reflejadas sobre el muro. Como siempre han vivido así, están convencidos de que esas sombras son la realidad. Si alguno lograra romper las cadenas que lo atan, o simplemente voltear, se daría cuenta de que esa realidad asumida, no es la verdadera, que ha pasado mucho tiempo en las apariencias y que ahí fuera existe otra realidad. Una más luminosa.

Nuestra existencia es una muy similar. Las sombras son los patrones de conducta que hemos aprendido a establecer desde nuestra infancia. Atados a ellos, los asumimos como nuestros, nos apropiamos de ellos, los hacemos «nuestra vida».

---

12 PLATÓN. *Diálogos.*

Pero dentro de esta apropiación perdemos un concepto de vital importancia: el del tiempo. Probablemente, ese suéter que tanto amamos y que es nuestro favorito, mañana tenga que ser desechado, y dejará de ser «nuestro». De la misma manera estamos atados al concepto del «yo». Si me tomo un instante para analizarlo, hoy no soy la misma que hace diez años. Esa mujer ha cambiado y se ha transformado. ¿Entonces por qué sigo apegada a ella?

Estos apegos producen una gran cantidad de sufrimiento. Si mi amigo lograra «desencadenarse» y voltear hacia la otra realidad, se daría cuenta de que jamás va a poder transformar las tendencias sexuales de la muchacha, y entonces aprendería a amarla por lo que ella en verdad es. Y una vez liberado del «capricho de tenerla como mujer», podría avanzar, incluso podría llegar a tener una amistad sana con ella.

El encaprichamiento nos estanca, nos paraliza, nos impide movernos. Nos quedamos instalados en él, hasta que conseguimos imponer nuestra voluntad, lo cual rara vez sucede. Y esto me remite a la serie de grabados del maestro español Francisco de Goya.[13] «El sueño de la razón produce monstruos» es similar a la vida del alcohólico.

☛ *Estamos tan perdidos dentro de nosotros que todo lo que podemos producir son monstruos.*

Y para eso existe la poción perfecta. El alcohol produce la «magia» de alterar la realidad. Si no podemos cambiar nuestra

13 Serie de grabados del pintor español Francisco de Goya titulados: *Los Caprichos.*

situación, sí podemos distorsionarla. Pero una vez esclavizados por la necesidad de beber nos vamos fragmentando cada vez más. Dejamos de ver hasta sombras completas y todo lo que podemos mirar son retazos de un rompecabezas terriblemente oscuro y desordenado. Cada pieza se transforma entonces en un monstruo que nos devora y aterroriza.

Dentro de esta sucesión de pérdidas dejamos de sentir. El adulto jamás se desarrolla y el niño caprichoso toma control de nuestra vida. Al perder el contacto con nuestro ser interior, comenzamos a buscarlo en otras personas. De ahí la sexualidad desmedida y la gran promiscuidad en el mundo de los que beben o se drogan. El alcohol nos libera de ataduras e intensifica la búsqueda de situaciones que nos produzcan placer. Queremos apagar las sensaciones de soledad e incomunicación a través del acto de poseer o de ser poseídos por otra persona. Y en este acto de posesión tratamos nuevamente de imponer o de castigar a ese niño que se encuentra perdido y desolado.

Pero una vez consumado el acto sexual, nos sentimos abatidos, culpables y más confundidos que antes. Intentamos vanamente recuperar algo de lo que hemos perdido a través del contacto con el cuerpo del otro, buscamos sentir nuestra piel y descubrir quién la habita, mirarnos reflejados en los ojos de la pareja para saber si todavía hay alguien ahí. El vacío es inmenso. Y bebemos otras copas y buscamos a alguien más para repetir la experiencia, pero el resultado siempre va a ser el mismo: la soledad.

Pasamos por la vida dando brincos de pareja en pareja. Ninguna nos satisface, nadie va a llenar el hueco que implica ser uno mismo. Y, paso a paso, vamos cavando un abismo cada vez más profundo. La única relación estable que vamos a conseguir es con una botella. Con el paso del tiempo, estas relaciones sexuales llegan a ser bastante violentas. Estamos tan enojados con nosotros mismos que queremos castigarnos o castigar al otro por el vacío. De ahí la gran cantidad de violaciones, estupro y crímenes pasionales que se dan bajo el influjo del alcohol.

En nuestra sociedad, la mujer alcohólica vive bajo el estigma de no ser más que una «puta», una mujer de «cascos ligeros», mientras que en el hombre es un síntoma de ser «bien macho», tener múltiples parejas sexuales. Pero ambos viven en un mundo de sombras bastante atemorizante.

Bajo el influjo del alcohol la vida carece de reglas, medidas y valores. Ahí, «todo se vale». Podemos realizar cualquier capricho que se nos venga en gana, en el instante mismo en que así lo deseemos. Podemos robar, mentir, golpear, insultar, coger, engañar, lastimar, sin pensar en las consecuencias. Nos transformamos en el monstruo, deambulamos perdidos en la sombra de lo que alguna vez fuimos, exaltados por el deseo de cumplir cualquier antojo que surja en el momento. Somos animales errando por la sociedad, poseídos por nuestros instintos más bajos.

Cuando se suspende el consumo del alcohol, los caprichos no desaparecen. Tal vez disminuyan de intensidad, pero hasta no establecer contacto con ese niño que nos habita, no vamos a comenzar un proceso real de rehabilitación. Tenemos que emprender la difícil tarea de perdonarnos, de perdonar a los demás. Tenemos que «dejar ir» para poder madurar.

Madurar es un proceso arduo. Es ir eliminando, poco a poco, todas esas conductas aprendidas a lo largo de los años, es comenzar a voltear hacia la luz y romper las cadenas que nos atan a las sombras. Madurar es aprender a conocernos, a descubrir a esa persona que vive en nuestro interior y a aceptarla. Madurar es ser capaz de tomar decisiones de una manera racional, serena y armónica. Y en el camino, ¿por qué no?, aprender a ser felices.

4

Muchos demonios y la desaparición de los ángeles

> Cada uno somos nuestro propio demonio
> y hacemos de este mundo nuestro infierno
>
> Oscar Wilde

Somos seres duales, compuestos de emociones positivas y negativas. El cuerpo es sólo una porción del alma, una envoltura, y de ésta fluye, hacia el exterior, la vida. No existe una varita mágica que nos ayude a visualizar las consecuencias de nuestras acciones. El bien y el mal soplan palabras al oído en los instantes más inesperados y vivimos balanceándonos de un lado al otro cual funámbulos ejerciendo el arte de intentar mantener el equilibrio.

Cualquier razón o excusa que tengamos para justificar nuestro alcoholismo es sólo eso. La verdad es que comenzamos a beber para llenar un vacío, y es ese mismo vacío el que nos arrastra, nos devora y tiempo más tarde nos hace voltear y darnos cuenta de que ya estamos «enganchados», que nos es imposible parar, que somos esclavos del alcohol y que nada ni nadie, conseguirá nos detengamos.

En *El libro de la maravillas*, que narra los viajes de Marco Polo por el oriente, se encuentra la historia del Viejo de la Montaña. En una comarca llamada Mulecto, el viejo había construido una mansión dentro de la cual había recreado «el Paraíso». Éste consistía en un jardín muy hermoso, con mujeres, vino, juego y drogas a disposición de sus habitantes. El Viejo, recogía a los hombres más viles y los llevaba a habitar este Paraíso durante varios días. Posteriormente les daba un brebaje para dormirlos y despertaban fuera de la casa, era cuando el Viejo les ofrecía asesinar a tal o cual persona a cambio de poder regresar a su Paraíso. Era tan grande el deseo de los hombres de retornar a este paraíso artificial, que obedecían sin rechistar.

Algo similar sucede con las adicciones. Estamos tan necesitados de «algo» y es tan grande el vacío que se siente, que haremos cualquier cosa con tal de satisfacer nuestro deseo de seguir consumiendo. Y es esta misma dependencia, tanto física y social como psicológica, la que nos inicia en el viaje a través de todos los círculos del infierno. Mientras más bajo caemos, más sustancias empleamos; mientras más nos hundimos, mayores son las pérdidas de nuestra dignidad, respeto, conciencia y capacidad de razonar.

La realidad nos sobrepasa; vivimos dentro de un paraíso artificial y nos negamos a abandonarlo. Existe un cierto regocijo dentro de la miseria, una alegría ficticia, la falsa seguridad de saber que con una copa voy a olvidar, una comodidad ordenada por la organización cotidiana de qué voy a beber hoy, a qué hora voy a empezar, y a dónde voy a ir para que nadie me descubra. Inventamos excusas fantásticas, creamos situaciones inverosímiles, nos volvemos esclavos de nuestras mentiras y estamos seguros de que los demás no se dan cuenta, y si lo hacen, estamos convencidos de que son ellos los que se equivocan y que nosotros estamos perfectamente bien y somos muy felices. Su sufrimiento por nuestro deterioro y el dolor que les provocamos con nuestras acciones, nos parecen exagerados e innecesarios.

Cuando nuestros seres queridos, cansados de no lograr que cambiemos, comienzan a abandonarnos, nos relacionamos con extraños compañeros. Conozco el caso de un hombre que tenía un muy buen puesto en una casa de bolsa. Cuando salía del trabajo comenzaba a beber en algún bar de moda, pero ya una vez entrado en copas, se perdía en los lugares más peligrosos. En más de una ocasión pasó varios días bebiendo y drogándose con los vagabundos que viven en las coladeras de la ciudad.

Las adicciones abren la puerta a los demonios y no existe exorcismo suficientemente poderoso que nos haga alejarnos de ellos. Nos sentimos a gusto entre ellos, su energía nos hace fuertes, temerarios, invencibles. La fuerza destructora de nuestra naturaleza se potencializa, nos sentimos falsamente libres y cualquier acto de bondad o humanidad se vuelve inexistente. A ratos logramos sentir la presencia angélica, y entonces escuchamos una voz muy débil que nos indica que es momento de detenernos, pero rápidamente la desechamos.

Si la batalla se vuelve más sanguinaria, llegan rachas de arrepentimiento. Entonces lloramos, pedimos perdón y juramos que jamás volveremos a tocar otra copa. Tal vez esto dure algún tiempo, pero el suspender el consumo nos hace sentir realmente miserables, es como si nos hubiesen arrancado nuestros «poderes» de tajo, y no pasan muchos días antes de recaer y regresar a nuestras antiguas conductas.

El primer trago después de estas rachas sabe a gloria; lo paladeamos, lo sentimos resbalar lentamente por la garganta y finalmente aterrizar y encender ese calorcillo, tan conocido, en el estómago. Después ya nada nos detiene. Bebemos con una sed insaciable, como si esos días de suspensión etílica hubieran sido nuestra muerte. Queremos recuperar el tiempo perdido rápidamente y seguimos emborrachándonos cada vez con mayor intensidad.

La llegada a las puertas del infierno es un camino vertiginoso. Bromeamos, nos divierte la idea de ser «tan malos», disfrutamos el chiste de ser peores que el diablo. Estamos tan a gusto en el concepto que los otros tienen de nosotros, que olvidamos por completo quiénes somos. La ironía es que tampoco nos interesa saberlo. La gente «buena y llena de valores» nos parece aburrida, molestosa, nos cansan sus consejos y preocupaciones, sólo nos divierte el escuchar lo «malos» que somos, porque con eso sí nos sentimos identificados.

Somos seres duales, pero después de mucho rato de pasear por la cuerda floja e intentar mantener el equilibrio, preferimos dejarnos caer. El vértigo de la caída está lleno de adrenalina, de miedo, de placer. Dejamos de respirar, de comer, de pensar. Los niveles de dopamina en nuestro cerebro se incrementan de manera alarmante. Inmersos en la fabulosa sensación de caer y caer infinitamente, nos sentimos embriagados del éxtasis de lo prohibido. La gran mentira es que la caída es infinita; algunos caen más rápido, otros tardan más, pero finalmente se llega al fondo, se llega al mismísimo infierno.

Los círculos infernales

En el infierno habitan las almas en pena, arrastran cadenas y se consumen diariamente bajo el fuego de grandes calderos llenos de azufre. Es tal el dolor infligido, que sus gemidos se escuchan en nuestro mundo, especialmente en las casas deshabitadas, en las noches sin luna y en la oscuridad de nuestras habitaciones.

Pero esta imagen, nada romántica por cierto, es sólo eso:

☛ *El verdadero infierno se encuentra dentro de uno mismo. Consumidos por la adicción hemos perdido todo rastro de humanidad; quedamos convertidos en bestias deambulando por las calles en busca de una botella nueva.*

Despertamos guiados por la necesidad absoluta de conseguir algo para beber y no importa lo que se tenga que hacer para tenerlo entre las manos. El alcohol se ha convertido en nuestro amo y vivimos esclavizados a sus caprichos.

Cuando se llega al infierno ya lo hemos perdido todo: el trabajo, el dinero, los amigos, probablemente a la familia, y ya no sabemos ni quién somos. El único pensamiento que generamos es «este día tengo que beber»; «sin mi «dosis» no voy a poder sobrevivir». El fabuloso placer que se obtenía al tomar ha desaparecido por completo. Vivimos angustiados, temerosos, irritables. Nos sentimos más vulnerables que nunca, deseamos desesperadamente que nos ayuden, pero gritamos hacia dentro y nadie nos escucha. Estamos aterrados de mirarnos en el espejo y no reconocer a la persona que se refleja.

Hemos comenzado a vivir en hoteles de mala muerte, en nuestro auto, en prostíbulos, en casa de algún «amigo» que se encuentra en nuestra misma situación, en los fumaderos, en la calle, en casas abandonadas, bajo los puentes; en nuestros ratos de lucidez regresamos al hogar, pedimos perdón y pasamos algunos días ahí, antes de volver a salir y perdernos. Ningún lugar es bastante malo mientras haya alcohol disponible.

El daño infligido sobre nuestro sistema nervioso es tal que comenzamos a alucinar y perdemos toda noción de la realidad. He escuchado testimonios de personas que afirman haber visto al diablo en persona. Los demonios se materializan e invaden nuestros días. Vivimos con miedo, sufrimos delirios, y el deseo de morir se transforma en obsesión. Queremos que todo termine rápidamente. Estamos agotados, insatisfechos, adoloridos tanto física como espiritualmente. Y seguimos bebiendo. Ya sólo la muerte puede detenernos.

Las mujeres tendemos a intentar terminar con nuestra vida ingiriendo grandes cantidades de pastillas antidepresivas o para dormir mezcladas con alcohol; otras intentamos cortarnos las venas. Los hombres se pelean, arman tales golpizas que terminan hospitalizados, algunos se meten un balazo y otros se ahorcan. O, como Nicolas Cage en *Adiós a Las Vegas,* simplemente beben hasta morir. Cualquier cosa con tal de terminar con el infierno que nos habita.

En lo personal, he visto personas con las muñecas y manos deshechas por los navajazos, una pariente mía se suicidó con un coctel de pastillas y alcohol: murió ahogada en su vómito, un buen amigo mío se cayó de un edificio y pasó seis meses en coma, otro compañero mío se «perdió en el viaje» de alcohol y drogas, y todavía no regresa a nuestro lado. Como ellos, existen infinidad de personas que mueren por su propia mano debido al dolor tan intenso que les produce seguir viviendo con su adicción.

Un buen ejemplo es el cuento *El pozo y el péndulo* del escritor Edgar Allan Poe. Narra la historia de un hombre que se encuentra en la celda de una cárcel oscura y húmeda. Es tal la oscuridad que le impide mirar a su alrededor. Arrastrándose descubre que se encuentra tirado a la orilla de un pozo; sobre su cabeza cuelga un péndulo. A través del cuento, el péndulo, con una navaja muy filosa comienza a descender. Sólo tiene dos opciones: tirarse al pozo o dejar que el péndulo lo degüelle. Así es el infierno del alcohólico: ¿me tiro al pozo o permito que mi adicción termine con mi vida?

No existe infierno más temible que el que vive un adicto. Una vez liberados, los monstruos se apoderan por completo de la vida, nos asfixian, nos aterrorizan, nos atormentan constantemente. Y el espíritu enferma cada vez más. El sufrimiento lo anula, lo deja hecho polvo, le impide seguir existiendo. Somos como esos zombis de las películas de terror, deambulando por la vida completamente desprovistos de cualquier emoción real, mientras destruimos todo lo que se encuentra a nuestro paso.

☛ *En el infierno habitan las almas en pena, arrastran cadenas y se consumen diariamente bajo el fuego de las batallas libradas para mantener su adicción. Es tal el dolor infligido, que sus gemidos se escuchan en nuestro mundo, especialmente en sus hogares, en las noches pasadas en vela rezando para que regresen con vida y en la oscuridad de un espíritu que enferma hasta morir.*

5

Los elefantes rosas comienzan a volar

> Después de la cena, padre le dio a la garrafa diciendo que ahí tenía suficiente güisqui para dos crudas y un delírium trémens
>
> MARK TWAIN
> *Las aventuras de Huckleberry Finn*

Cuando se toca fondo algo dentro de nosotros se rompe, sabemos que ya no hay más abajo, que hemos alcanzado el límite de lo que podemos soportar. El tiempo y la situación que lo provocan son únicos e irrepetibles. Pero en ese momento algo cambia. El fondo del adicto es una fracción de dolor, un relámpago, un soplo de aire, un haz luminoso en medio de las tinieblas, una voz, un silencio, una quietud. Un no sé qué que nos hace reaccionar y nos transforma. El fondo es una revelación. Algunos afirman haberle pedido ayuda a Dios y haberla recibido, otros simplemente han agotado su cuerpo físico a tal extremo que el espíritu despierta y habla. El dolor es una sucesión de navajas que nos arranca la piel a jirones y entonces sabemos. El fondo es el tiempo, la oportunidad y la posibilidad de renacer.

Mi novio y yo llevábamos muchos días en la fiesta. Para mantenerla, entramos una noche a casa de mi mamá y le robamos sus ahorros. Él me había jurado que los íbamos a reponer, pero los dos estábamos desempleados. Era un catorce de febrero y para celebrar nos fuimos a una cantina. No quedaba mucho dinero. Ya en la fiesta, se nos acabó la lana; entonces él me propuso que por qué no me acostaba con unos chavos que estaban ahí para sacar más dinero y poder seguir bebiendo. La verdad es que me ofendí mucho y me largué a la casa.

Pero una vez ahí, y con los restos de una botella que encontré escondida en un clóset, me empecé a sentir bien culpable. No tenía cara para regresar a mi casa y estaba completamente infeliz. Lloré muchísimo. Agarré un puño de pastillas antidepresivas y me las tragué. No sé a qué hora empecé a vomitar. Cuando desperté estaba tirada en el suelo de la cocina, mi ropa se encontraba bañada en vómito y tenía la cabeza metida adentro del horno. Mi novio no había regresado. Me levanté como pude y me tiré en la cama. Entonces supe que era el momento de pedir ayuda.

Hace muchos años, me fui de vacaciones con unos compañeros de la universidad a una playa en el Pacífico. Habíamos comprado una enorme cantidad de «patas de elefante» y muchos refrescos; lo que sí olvidamos fue las tiendas de campaña. No recuerdo mucho de ese tiempo, pero lo que no olvido, es que un día, regresando de nadar, me dijeron que Pablo había sufrido una congestión alcohólica y que se lo habían tenido que llevar a un hospital. La verdad es que no me importó y las vacaciones siguieron su curso normal. No volvimos a ver a Pablo en la universidad. Supongo que sus padres lo cambiaron de escuela.

Las congestiones alcohólicas son comunes en las personas cuya enfermedad ya ha alcanzado niveles peligrosos, entonces, el alcohol altera drásticamente el funcionamiento normal del cuerpo. El hígado pierde la capacidad de filtrar la cantidad de alcohol que ingresa al organismo; nos deshidratamos por la excesiva concentración etílica; el tracto gastrointestinal se irrita; nuestra temperatura corporal, los niveles de la azúcar en la sangre y la presión sanguínea disminuyen; es tal el nerviosismo que comenzamos a temblar fuertemente; después llega el vómito; perdemos por completo la coordinación y el equilibrio; quedamos inmovilizados y finalmente caemos en estado de coma. En estos casos es necesario trasladar a la persona a un hospital lo más rápidamente posible.

La organización de mi día era extremadamente importante. Cada mañana, de camino al trabajo, me paraba en un restaurante, en el que ya me conocían, a beber mis tres copas reglamentarias. Éstas tenían la facultad de detener los temblores matutinos y de ponerme a tono para comenzar el día laboral. En la oficina seguía bebiendo. Siempre guardé una botella de brandy en el cajón de mi escritorio. Para cuando llegaba a casa ya estaba bastante entonado. Las opiniones de mis hijos y esposa me molestaban; entonces gritaba, insultaba y me ponía realmente agresivo. Nunca me gustó que criticaran mi manera de beber. Creo que con el tiempo me agarraron mucho miedo y ya no decían nada. Pero hay una noche de la que no recuerdo nada. Mi hijo mayor me tuvo que sacar de casa de los vecinos. Afirman que intenté violar a su esposa. Yo soy un respetable hombre de negocios y el vecino era un buen amigo. Pasaron varios días antes de que tuviera el valor de volver a salir. Me sentía tan culpable que no dormía ni salía de mi habitación. Entonces supe que ya había sido suficiente.

Al igual que el padre de Huckleberry Finn, existe una gran cantidad de alcohólicos que sufren de delírium trémens o delirios temblorosos. Este tipo de delirio puede comenzar de improviso, pero generalmente se da durante las noches, en especialmente después de algún sueño: El cuerpo se encuentra bañado en sudor, temblamos de manera incontrolable y es imposible dormir. Entonces comienzan las alucinaciones. El tiempo y el espacio se transforman. Nos sentimos completamente desorientados. Las bestias aparecen, surgen de las paredes, de las esquinas de la habitación y comienzan a arrastrarse hacia la cama. Primero son insectos, pero posteriormente evolucionan. Serpientes, cucarachas gigantes, murciélagos, bestias amorfas y demonios intentan apoderarse de nuestro ser. Nos sentimos aterrados.

El cuerpo cobra vida propia. Masticamos, succionamos, prensamos y atacamos con violencia. A ratos recobramos la conciencia, pero mientras la temperatura de nuestro cuerpo se eleva, de 39, 40, 41 ºC, regresamos al estado delirante. Los elefantes rosas comienzan a volar. El corazón aumenta su ritmo, y en casos crónicos llega a estallar. Si no se consume alcohol, la cosa empeora. Nos escondemos, gritamos, aullamos de miedo. En estos casos es necesario atar al paciente a la cama para evitar que se dañe o que lastime a alguien más.

> Pasé muchos días tomando. Cuando se me acabó el dinero tuve que beberme los perfumes de mi hermana y los enjuagues bucales. Pasaron dos días antes de que me bajara la borrachera; entonces llegaron las hormiguitas. Al principio fue sólo un cosquilleo incómodo, pero después se me metieron debajo de la piel. Comencé a rascarme mucho, pero no podía detenerlas. Probé con los cepillos, con una lija, con un tenedor, pero nada interrumpía su avance por mi cuerpo. Las paredes comenzaron a cambiar de forma y estaba muy excitado sexualmente. Me sentí transportado a otra dimensión. Todo sonaba y se veía muy raro. No sabía quién era ni lo que estaba haciendo. Cuando comencé a tratar de arrancarme la piel con un cuchillo legaron mis papás. Entonces llamaron a una ambulancia, me llevaron al manicomio y me inyectaron una cantidad enorme de diazepam. Cuando recobré la conciencia y vi mi cuerpo lleno de cicatrices algo dentro de mí me hizo reaccionar.

En estas situaciones extremas, el daño a nuestro cuerpo es irreparable. El consumo repetido del alcohol produce una encefalitis psicótica aguda, ya que el cerebro se lesiona y las células se degeneran. La capacidad de funcionamiento del hígado disminuye. La facultad de la memoria se pierde y, aún después de muchos años de haber suspendido el consumo, tenemos graves problemas a la hora de tomar decisiones. Los delirios persisten durante algún tiempo y en algunos casos llegan a volverse crónicos.

Otro de los efectos del alcoholismo es la celotipia extrema. Bajo influjo de unas copas, nos sentimos celosísimos. Recuerdo el caso de un amigo que cada vez que llegaba a su casa la registraba de arriba abajo para «encontrar» al amante de su mujer. Estaba completamente convencido de que ella lo engañaba. La realidad es que la señora, ya entrada en años, no hacía otra cosa que tejer y esperar a su marido cada noche. Estos celos incontrolables son los causantes de una gran cantidad de tragedias. Cuando estamos convencidos de que la otra persona nos engaña, hacemos cualquier cosa para hacerla confesar; la insultamos, la golpeamos y en casos extremos se llega incluso al asesinato. La realidad es que esta celotipia no es más que otro reflejo de la baja autoestima de los adictos.

> Después de tres días en la parranda, comencé a manejar. Tenía que escaparme de los pendejos esos que me estaban persiguiendo. Me sentía bien nervioso e irritable. Anduve por varios pueblos pero ninguno me parecía lo suficientemente bueno como para esconderme. Sólo me detenía a comprar más alcohol, y hasta para eso tomaba muchas precauciones. Caminaba muy rápido y agachaba la cabeza para que nadie me reconociera. Me plantaba frente al dependiente como si fuera bien macho, pero la verdad es que estaba muerto de miedo. Estaba seguro de que tarde o temprano me iban a encontrar. Si me detenía en algún hotel a descansar, sólo estaba unas cuantas horas. Tenía que seguir avanzando. Las manos me temblaban cabrón, y estaba sude y sude. Cada vez que veía un coche de la policía sentía que se me enredaban las tripas. No tengo idea de cuánto tiempo estuve así. Una noche los vi venir, eran un chingo. Giré el volante para esquivarlos y terminé dentro de un restaurante. Lo bueno es que era bien tarde y estaba cerrado, si

no hubiera matado a un buen de personas. Pasé muchos días amarrado a la cama e incapaz de detener las convulsiones de mi cuerpo. Mi esposa me visitó llore y llore, pero no fue sino hasta que vi a mis hijos que supe que esto ya era el final.

Las historias son muchas y muy diversas. Parecerán obras de la ficción pero no lo son. Algunos ven pitufos, enanitos, seres mitológicos, diablos, monstruos, insectos, etcétera. Lo que sí es seguro, es que cuando los elefantes rosas comienzan a volar es tiempo de reconsiderar la gravedad de nuestro alcoholismo.

En la actualidad existen una gran cantidad de lugares a los que se puede acudir en busca de ayuda. Está claro que uno solo no va a poder romper el embrujo del alcohol, pero una vez que se llega al fondo y que se está convencido de que el tiempo ha llegado, vamos a encontrar una enorme cantidad de personas dispuestas a ayudarnos. Tenemos que hacerlo por nosotros, no por los hijos, esposa, mamá, hermanos o amigos. El camino es absolutamente personal. La decisión es sólo nuestra.

6

Aprendiendo a nadar sin salvavidas ¿A dónde puedo recurrir para pedir ayuda?

No trates de ahogar tus penas en alcohol
porque rápidamente aprenden a nadar

DICHO POPULAR

Alcohólicos Anónimos

Los grupos de AA se encuentran prácticamente en todo el mundo. Para localizar el más cercano a nuestra casa, basta con llamar a la central de AA y ellos nos proporcionarán la dirección del grupo que buscamos.

Dentro de los grupos vamos a encontrar un conjunto de personas con problemas de alcoholismo y drogadicción, quienes se encuentran en proceso de recuperación y están dispuestos a ayudarnos a mantener la sobriedad. Cada grupo sesiona (diariamente) los 365 días del año.

Durante las juntas los hombres y mujeres que han sufrido problemas de adicciones, comparten libremente sus experiencias de recuperación con los demás asistentes. En algunos grupos tradicionales se hacen juntas para estudiar el programa y los pasos a seguir, se formulan las preguntas más comunes para ayudarnos a solucionar cualquier duda que tengamos sobre nuestra recuperación.

Los doce pasos de Alcohólicos Anónimos:

1. Admitimos que éramos impotentes ante el alcohol y que nuestras vidas se habían vuelto ingobernables.
2. Llegamos al convencimiento de que un Poder Superior podría devolvernos el sano juicio.
3. Decidimos poner nuestras voluntades y nuestras vidas al cuidado de Dios, como nosotros lo concebimos.
4. Sin miedo hicimos un minucioso inventario moral de nosotros mismos.
5. Admitimos ante Dios, ante nosotros mismos y ante otro ser humano, la naturaleza exacta de nuestros defectos.
6. Estuvimos enteramente dispuestos a dejar que Dios nos liberase de todos estos defectos de carácter.
7. Humildemente pedimos que nos libere de nuestros defectos.
8. Hicimos una lista de todas aquellas personas a quienes habíamos ofendido y estuvimos dispuestos a reparar el daño que les causamos.
9. Reparamos directamente a cuantos nos fue posible el daño causado, excepto cuando el hacerlo implicaba perjuicio para ellos o para otros.
10. Continuamos haciendo nuestro inventario personal y cuando nos equivocábamos lo admitíamos inmediatamente.
11. Buscamos a través de oración y meditación mejorar nuestro contacto consciente con Dios, como lo concebimos, pidién-

dole solamente que nos dejase conocer su voluntad para con nosotros y nos diese la fortaleza para cumplirla.

12. Habiendo obtenido un despertar espiritual como resultado de estos pasos, tratamos de llevar este mensaje a los alcohólicos y de practicar estos principios en todos nuestros asuntos.

Estos pasos son sólo una sugerencia de cómo sobrellevar la sobriedad. Es decisión meramente personal seguirlos o no. Llegar a uno de estos grupos siempre es un paso muy difícil, pero una vez dado, nos damos cuenta de que aquello que pensamos que sólo nos sucedía a nosotros, le ha pasado a muchísimas personas, no hay nada de qué avergonzarnos: hemos estado enfermos y este es el inicio de nuestra recuperación.

Se comienza por trabajar con las emociones. La adicción es sólo la punta de un iceberg cuya base son los sentimientos que hemos ido teniendo a lo largo de nuestra vida. Dentro de cada grupo vamos a encontrar personas que ya llevan mucho tiempo de sobriedad. A estas personas se les llama «padrinos». Es conveniente acercarse a uno de ellos para que nos acompañe, y con él podremos hablar en privado; él será alguien experimentado y estará dispuesto a escucharnos. A veces nos van a sugerir «algo», pero está en nosotros decidir si obramos de acuerdo a la sugerencia o no.

Lo más importante de AA es la certeza de que no estamos solos, si en algún momento llegamos a experimentar el deseo incontrolable de beber o si sentimos que la vida nos agobia, podemos llamar a alguno de nuestros compañeros y ellos siempre van a estar dispuestos a escucharnos, a tomar un café con nosotros y a ayudarnos (en la medida de sus posibilidades) a sobrellevar el problema que nos afecta.

Es conveniente cerciorarnos de que el grupo al que pensamos acudir realmente esté afiliado a la Central Mexicana de Alcohólicos Anónimos, ya que últimamente han proliferado muchos grupos que usan el nombre mas no siguen el programa de esta institución.

Clínicas de desintoxicación y centros de contención

Hay muchas clínicas de recuperación y centros de contención o anexos acordes al presupuesto de cada persona. Si sentimos que nuestro alcoholismo está completamente fuera de control, que nuestra vida es ya ingobernable y que nos es imposible parar sin ayuda, conviene ingresar en uno de estos centros. Los programas de desintoxicación pueden ir desde un par de semanas hasta varios meses, dependiendo de la gravedad del enfermo.

En estas clínicas se le ofrece al adicto un tratamiento profesional y el espacio en el cual podrá sobrellevar el síndrome de abstinencia bajo supervisión médica y, en caso de requerirlo, se le prescribirán fármacos para ayudarlo durante el transcurso de su estancia en la institución. El paciente va a recibir apoyo terapéutico por parte de personas altamente capacitadas. La filosofía y programa a seguir dependerá de cada clínica en específico; algunas se apoyan en los doce pasos de AA, pero otras han creado su propio esquema de trabajo apoyado en su experiencia.

Se ofrece una serie de terapias individuales o grupales. Éstas dependerán en su totalidad, de la filosofía y programa de la clínica en particular; las juntas o reuniones grupales pueden ir desde una diaria hasta muchas más. Durante estas sesiones, se busca encontrar, tanto por medio del médico como del paciente, los estados emocionales que provocaron la dependencia y las soluciones posibles para la recuperación. En varios de estos centros, sobre todo en los de más alto presupuesto, se cuenta también con programas deportivos y ocupacionales.

Algunas clínicas cuentan con reuniones de apoyo para familiares y personas allegadas al paciente, en las cuales se le explica a los presentes las causas y consecuencias de la enfermedad, y las opciones para tratar a la persona una vez que ha salido del tratamiento.

Una vez que se ha terminado con el periodo de internamiento es conveniente continuar asistiendo a terapia. En este caso AA es una buena opción, pero también se puede recurrir a ayuda profesional, un psicólogo o psiquiatra, para proseguir con el proceso de curación.

Podemos encontrar información de estas clínicas y su filosofía en la red o en el directorio telefónico.

Hospitales y doctores

En casos realmente crónicos es necesario internar al paciente en un hospital. Durante su estancia se le va a proporcionar auxilio médico y tratamiento para el síndrome de abstinencia, además de que, en casos realmente graves como delírium trémens, recibirá la atención profesional adecuada a cada caso.

La hospitalización únicamente va a darnos ayuda durante el proceso de desintoxicación, posteriormente es necesario recurrir a alguna de las instituciones previamente mencionadas, para continuar con la evolución de nuestra rehabilitación.

No todas las personas se sienten cómodas hablando de sus problemas frente a los demás, en estos casos es recomendable buscar la ayuda de un psicólogo o psiquiatra. Mi recomendación es que el médico que seleccionemos tenga conocimiento de la enfermedad, o que haya tenido problemas con la bebida y sea un alcohólico recuperado, para que el tratamiento surta efecto.

7

Los compañeros de camino

Naces solo y mueres solo,
y en el paréntesis la soledad es tan grande
que necesitas compartir la vida para olvidarlo

Erich Fromm

El camino del alcoholismo es muy solitario. A ratos pasamos mucho tiempo bebiendo solos o con compañeros de fiesta, pero con el paso de los días, el sentimiento de desamparo se intensifica. Comenzamos por buscar múltiples parejas, y entonces se da la ocasión de encontrarnos con ese «alguien especial».

Puede suceder que durante una de nuestras fiestas conozcamos a la media naranja que hemos estado esperando y ésta sea nada más y nada menos que alguien que bebe igual que nosotros. Una vez enganchados en esta relación el mundo parece cobrar sentido. La culpabilidad se divide en dos, el uno justifica al otro y le da la razón en casi todo, las borracheras se comparten y la euforia de ese amor inventado que nos hace fuertes e invencibles.

La posibilidad de compartir el alcohol con alguien que lo venera como uno, nos hace sentir comprendidos, seguros, infalibles. Entonces erigimos un escudo, una cúpula de cristal que nos protege de los demás, dentro de ella nos encontramos mi pareja y yo, solos contra el mundo, contra aquellos decididos a destruirnos y a criticar nuestra manera de beber. Con una pareja todo tiene una razón de ser, una justificación y un espacio. No importa si los demás nos abandonan, si se pierde todo, hasta curarse la cruda se transforma en un motivo para amarse.

El tiempo que pasamos juntos se vuelve en extremo divertido, nos convertimos en uno, somos inseparables, y mientras más alcohol ingerimos, más nos enamoramos. Nada ni nadie nos va a detener jamás. Probablemente abandonemos a la familia para irnos a vivir juntos. Brincamos de un bar a una cantina y de ahí al menudo matutino, después compramos unas cervezas para pasar la mañana y ya al mediodía estamos otra vez en alguna cantina.

☛ *Una vez descubierto el placer de beber en compañía es muy difícil romper el lazo.*

Pero dentro de este mundo perfecto llega una noche en la que el alcohol comienza a cobrar sus deudas. A alguno de los dos le cae mal la bebida y surge la primera discusión. Puede ser por celos, infidelidad, dinero o porque algo de lo que dijo o hizo nuestro compañero nos cayó pésimo. Lo más seguro es que a la mañana siguiente se arregle, pero la primera semilla ha sido plantada. Entonces ya es sólo cuestión de tiempo. Estamos sentados sobre una bomba.

Conforme el consumo del alcohol continúa, las discusiones van subiendo de tono. Las agresiones verbales se convierten en algo cotidiano y lo más probable es que se llegue a los golpes. Pero la separación no es una opción. Nos sentimos aterrados de regresar a la soledad anterior y persistimos. Mientras más sufrimos más unidos estamos.

Convencidos de realmente necesitar a esa persona, pensamos que nuestra vida sin ella va a ser vacía y terrible. Lo que no vemos, es que en realidad estamos vacíos, dominados únicamente por el persistente deseo de beber y el «amor» que sentimos no es más que un miedo espantoso a nuestra soledad anterior. La única manera de romper una relación así, además del asesinato o muerte del cónyuge, es la de conseguir otra igual y entonces el ciclo vuelve a repetirse.

En este caso, suspender el consumo del alcohol es extremadamente difícil. Si uno resuelve dejar de beber, es necesario que el otro también lo haga. Por ejemplo: si yo decido que ya es tiempo de parar y cada noche mi pareja se sienta a beber frente a mí, no va a pasar mucho tiempo antes de que yo me permita probar otra copa, y una vez con la copa en la mano me va a ser imposible detenerme.

Elegimos parejas alcohólicas porque nos hacen sentir comprendidos, pero estas relaciones van irremediablemente destinadas al fracaso. Conozco el caso de una pareja que ya lleva muchos años bebiendo. Él cansado del alcoholismo de ella la ha internado en varias clínicas, ella ha logrado dejar de beber sólo unos meses... Siempre recae. Él aún no admite que tiene un problema y continúa bebiendo mucho y una vez borracho, descarga todas sus frustraciones y culpas en ella. Ella se siente tan infeliz con su situación que ha tratado de terminar con su vida varias veces pero depende a tal grado de él que no tiene la fuerza para abandonarlo, entonces vuelve a beber. Ella piensa que no es digna de ser amada, que no existe, sólo vive a través de las humillaciones e insultos de su pareja y cree merecer todo eso por ser «tan mala».

Para lograr detener estos ciclos, es necesario que ambos estén conscientes de que tienen un problema y que los dos decidan cambiar su situación. Mi última pareja y yo nos conocimos bebiendo mucho. Una vez juntos comenzamos a tomar mucho más. Un par de años después la situación se salió completamente de control. Vivíamos dentro de un infierno de insultos, humillaciones, golpes y reconciliaciones. Intenté dejar de beber pero su alcoholismo siempre me jalaba, perdimos prácticamente todo: trabajos, familias y dignidad. Simplemente bebíamos. Una noche terminamos a golpes. Él se fue de casa una semana y cuando regresó me ofreció la oportunidad de detenernos y pedir ayuda.

Comenzamos a acudir a las juntas de AA. Los primeros meses fueron muy difíciles, nos separamos un tiempo, pero decidimos regresar e intentarlo de nuevo. Con el paso de los días nos fuimos dando cuenta de varias cosas: la persona sobria no era la misma que habíamos conocido durante las épocas de consumo; es muy difícil eliminar todo el resentimiento y el dolor del pasado y perdonar; comprendimos que el amor que sentíamos el uno por el otro ya no estaba ahí, simplemente nos habíamos enamorado de un compañero de bebida y, una vez eliminada esa situación, no teníamos nada en común; aprendimos que la fuerza y el amor provienen del interior de uno mismo, y una vez recuperados, el camino frente a nosotros era uno: el de la soledad. El tiempo ha hecho que esa soledad sea positiva, es la de la recuperación de todo lo perdido. La soledad de las enmiendas, de los planes, del perdón y la del amor.

La separación no es el único camino para toda pareja de alcohólicos, aunque se recomienda pasar algún tiempo distanciados para reencontrar quién somos y qué quiere cada uno. He conocido a hombres y mujeres, quienes después de un periodo de distanciamiento regresan y logran un matrimonio exitoso y feliz, pero también sé de otras personas que han tenido que terminar sus relaciones para poder avanzar. Todo es cuestión de tiempo.

☛ *Finalmente, y a lo largo de los días, esa alma gemela que tanto anhelamos va a llegar en el momento justo y menos esperado.*

8

La tortuga y la liebre, una fábula muy antigua

Aquel día fue muy triste para la liebre y aprendió una lección
que no olvidaría jamás: que el exceso de confianza
puede evitar que alcancemos nuestros objetivos

Esopo
Fábulas

Una vez que hemos tomado la decisión de dejar de beber, comienza un viaje a nuestro interior, un viaje de exploración en el que nos preguntamos qué y quiénes somos.

☛ *Tomar el primer paso es lo más difícil, aceptar que tenemos un problema y que estamos enfermos no es sencillo, requiere de una gran fuerza de voluntad.*

Los primeros días nos vamos a sentir muy mal. Físicamente el cuerpo va a resentir terriblemente la suspensión del alcohol y nos va a producir temblores involuntarios, insomnio, pesadillas, sudoración excesiva, calambres, dolores de estómago o de cabeza, y en casos más extremos algunos delirios. Si estamos internados en esta etapa, la ayuda médica va a ser muy útil, de cualquier forma con el paso del tiempo los malestares irán despareciendo.

Emocionalmente es otra cosa. Lo más seguro es que no vamos a entender nada; nos vamos a sentir irritables, sentimentales, vulnerables, inquietos, angustiados, confundidos: realmente miserables. Imaginemos por un momento que somos soldados a quienes mandaron a la guerra. Una vez ahí, una noche nos paramos frente a un tanque y nos atropella. La experiencia es dolorosa pero genera en nuestro cuerpo una gran cantidad de adrenalina, lo cual causa cierto grado de placer; entonces al día siguiente deseamos repetirlo y lo hacemos y siempre queremos más, y a cada intento quedamos más lastimados. Para cuando regresamos del frente estamos realmente heridos; nos falta una pierna, tenemos un brazo entablillado, hemos perdido la capacidad de oír, de ver y de sentir, y aun así seguimos empeñados en que es tiempo de correr un maratón.

El primer paso hacia nuestra recuperación consiste en tener paciencia y serenidad. Si estamos tan heridos, ¿cómo podemos pensar en correr?

☛ *Es necesario entonces tomarnos un tiempo para sanar las heridas, es el momento de permitirnos convalecer.*

Una vez que hemos suspendido el consumo del alcohol, lo mejor es no tomar decisiones importantes, a menos que éstas sean definitivamente imposibles de posponer. Después de tanto tiempo en la guerra, estamos sordos, ciegos e insensibles. El mundo que nos rodea es extraño, y hasta no tomar conciencia de esta nueva experiencia es mejor permanecer en un estado de quietud.

Si llegamos a tomar decisiones éstas van a ser precipitadas y basadas únicamente en un impulso. La precipitación era uno de nuestros rasgos predominantes cuando bebíamos. No podíamos dejar una copa si no nos habíamos terminado hasta la última gota del licor; no abandonábamos una fiesta hasta que ya no encontrábamos otra cosa que beber; nos trasladábamos de un lado al otro con una gran ansiedad, siempre en la búsqueda de más compañeros de bebida. Éramos increíblemente creativos, siempre existía la excusa perfecta para tomar, desde la organización de una fiesta hasta llevar a nuestros hijos a un picnic o ver un partido de futbol. Lo importante era seguir en movimiento.

En la fábula de la tortuga y la liebre, Esopo nos cuenta como la liebre afirma que ella es mucho más veloz que la tortuga y la reta a una carrera. La tortuga acepta y ambas se ponen en marcha. La liebre corre un rato y al ver que ha dejado muy atrás a la tortuga se recuesta debajo de un árbol a descansar y se queda dormida. La tortuga sigue avanzando lentamente. Para cuando la liebre despierta la tortuga ha ganado la competencia. Lo mismo sucede con los primeros días de sobriedad, queremos recuperar el tiempo perdido muy rápido, estamos tan desesperados por redimirnos que pretendemos hacerlo todo muy de prisa. Es necesario ejercer el arte de la paciencia.

Y la paciencia no es sino la capacidad que tenemos de soportar algo sin ponernos nerviosos o ansiosos, es la facultad de los seres humanos de no alterarse ante las circunstancias de su entorno, la posibilidad de saber esperar algo. Es por ello que la paciencia es una virtud que nos hace romper el espacio y el tiempo y nos catapulta directamente hacia nuestros sueños.

☛ *Esto no significa que los primeros días de sobriedad nos tiremos en cama a esperar que las cosas se acomoden por sí mismas, sino crear la conciencia de que debemos avanzar lentamente hacia nuestros objetivos.*

Un buen ejercicio es tomar una fotografía mental de lo que pensamos conseguir este día. Un sólo objetivo, el que supongamos es el más importante. Posteriormente fijar la foto frente a nosotros y avanzar sin que nada nos distraiga. Debemos tomar en cuenta que nuestros objetivos tienen que ser alcanzables; si me fijo la meta de limpiar toda una bodega, o conseguir esos cien mil pesos que me faltan, o ganar un torneo de ping-pong, solamente voy a conseguir mucha frustración. Pero si me digo: hoy voy a limpiar un mueble de la bodega, o puedo conseguir mil pesos más para ahorrar los cien mil que me faltan, o tengo que entrenar un par de horas para mejorar mis saques, seguramente al final del día me voy a sentir satisfecha por haber alcanzado lo que me propuse.

Lo importante es no angustiarnos, mantener una mente serena y tener la confianza de que las cosas van a suceder y funcionar de la forma en que yo lo espero. Si eso no sucede, tampoco es razón para alterarnos, siempre se puede volver a intentarlo otro día. Si logramos sembrar el valor de la paciencia en nuestra vida, el proceso de crecimiento llegará por sí solo. Debemos recordar diariamente que las cosas buenas y positivas no se logran de manera automática, que todo en la vida requiere de un tiempo y un proceso. Si consiguiéramos todo lo que deseamos de manera instantánea las cosas perderían su valor.

Nos vamos a enfrentar a situaciones en las que es realmente obligatorio actuar de tal o cual manera, pero también va a haber otras en las que es necesario que aprendamos a esperar. Si intentamos que las cosas sucedan de la forma en que queremos y en el momento en que lo deseamos, todo va a salir mal: forzar las circunstancias va a ser otra causa más de frustración, incluso si llegamos a obtener lo que esperamos, la victoria va a ser vana y eventualmente se va a regresar a la situación inicial.

Esto me recuerda una mañana en que salí con unos amigos a bucear. En el arrecife la corriente era extremadamente fuerte. Para poder avanzar era necesario hacer lo mismo que los peces: esperar un momento y después ejecutar un movimiento suave para moverse un poco, y de nuevo esperar para poder seguir adelante. Uno de los buzos decidió tratar de luchar contra la corriente. El resultado fue que en vez de avanzar, retrocedió y terminó hundido en el fondo. La desesperación comenzó a apoderarse de él y acabó dándose por vencido. Este buzo regresó a la lancha, mientras que los demás logramos salir de la zona de turbulencia y, ahí, a la vuelta, se abrió el panorama más espléndido que yo haya visto jamás. El mar se encontraba en total quietud y la flotabilidad era perfecta; una tortuga, un mero y los colores del arrecife se abrieron ante nuestros ojos de manera luminosa. Fue una experiencia irrepetible.

Si tenemos paciencia y aguantamos las aguas turbulentas ejercitando el arte de la espera, vamos a lograr nuestros objetivos y un poco más. Por ello es necesario mantener la mente en estado tranquilo. Cada día vamos a estar inundados por incontables pensamientos; lo importante es darnos cuenta de que están ahí, tomar conciencia de su existencia y dejarlos pasar.

Por ejemplo, si comienzo a pensar en que ya va a llegar la cuenta de la luz y no tengo el dinero para pagarla, eso me lleva al siguiente pensamiento que será ¿qué voy a hacer?, me van a cortar la luz, la comida se va a echar a perder, los niños no van a comer…, y así sucesivamente hasta que hagamos un holocausto mental, el cual nos va a producir mucha angustia. En cambio, si me asalta el pensamiento de la cuenta de la luz y me digo, «bien, pero por el momento voy a terminar este trabajo que tengo pendiente y me olvido del asunto, tal vez el día que cobre voy a tener para pagar la cuenta y un poco más». Lo mismo se debe hacer con cada pensamiento que nos asalte y que tenga la intención de desviarnos del objetivo que nos hemos fijado para el día de hoy.

Aun así, los buenos resultados no dependen únicamente de nosotros; debemos tomar en cuenta, que en cada decisión y acción que emprendemos hay muchas otras personas involucradas, y es de vital importancia que les otorguemos el espacio y el respeto que cada una de ellas merece. Las personas son como los ríos, poseen aguas turbulentas y aguas tranquilas, si nosotros proyectamos nuestras turbulencias hacia ellas, el resultado va a ser catastrófico, debemos esperar el momento propicio; cuando la quietud de las aguas disipe la duda, la frustración, la ira y las decisiones puedan ser tomadas de manera ecuánime.

Cuando mi pareja y yo dejamos de beber estábamos muy vulnerables emocionalmente. Nos sentíamos irritables y bastante perdidos. La vida ya no era la misma y eso nos confundió aún más. Las cosas que solíamos hacer y que considerábamos el pilar de nuestra relación, me refiero la bebida, se habían suspendido. Entonces de un día para otro él se fue. Me sentí muy enojada y herida, no entendí por qué lo hizo y mi sentimiento de fragilidad se hizo aún mayor. Un mes después estábamos de regreso. La separación únicamente nos había provocado más miedo y confusión. Él se había marchado por el mismo sentimiento de frustración y de angustia de no saber qué estábamos haciendo juntos en una vida de sobriedad. Tuvieron que pasar muchos meses más antes de adquirir la fuerza interior y la tranquilidad para poder hablar del asunto con calma y darnos cuenta de que verdaderamente lo que nos había unido ya no estaba ahí. Pero esta vez fue una separación amorosa y libre de temores.

Debemos aquietar la mente diariamente; puede ser por medio de la oración, meditando, haciendo ejercicio o algún trabajo manual como pintar, armar rompecabezas, etcétera. Este tipo de actividades nos sirven para calmar esa gran ansiedad a la que estamos acostumbrados y fijar la atención sobre los objetivos del día.

Los alcohólicos en proceso de recuperación nos sorprendemos de la gran cantidad de acciones positivas que somos capaces de realizar. Al dejar de beber y ejercitar el arte de la paciencia llegarán infinidad de cosas buenas a nuestra vida. Lo más importante es no descuidarnos, evitar echarse bajo el árbol a tomar una siesta y olvidar que hay que seguir avanzando.

La vida sucede al igual que una procesión. Se camina desde grandes distancias para llegar a un santuario, lo hacemos porque tenemos fe, porque creemos firmemente en lo que nos espera o en la misión que estamos llevando a cabo. No podemos echarnos a un lado del camino y dormir porque los demás peregrinos seguramente sí llegarán y obtendrán aquello que están buscando, mientras que nosotros permaneceremos olvidados. Hay que seguir caminando, despacio, con la firme convicción de que no importa nuestra edad, siempre es tiempo de recuperar nuestros sueños y de hacer todo lo que esté en nuestro poder para llevarlos a cabo.

☛ *Puede suceder que al final la meta no era tan importante, que en realidad donde aprendimos fue en el transcurso del viaje.*

Entonces, comencemos a empacar; es tiempo de salir a la vida a caminar. Es tiempo de tener fe en nosotros mismos, de recuperar el tiempo perdido y de ejercitar el arte de la paciencia y de la serenidad. Probablemente habrá muchas cosas que hicimos o dejamos de hacer, situaciones que nos es imposible cambiar, pero igualmente habrá otras que sí podremos transformar. Lo importante es tener la voluntad de hacerlo. Lo importante es seguir avanzando, como la tortuga de la fábula.

9

La vida sin alcohol y las opciones para poder vivir sobrio

Señor, concédeme la serenidad para aceptar las cosas
que no puedo cambiar, valor para cambiar las que sí puedo
y sabiduría para reconocer la diferencia

Oración de la serenidad de Alcohólicos Anónimos

En las juntas de AA, esta oración se repite como un mantra, antes del inicio de cada sesión. Las primeras veces que la escuché no le presté demasiada atención, pero con el paso de los días, estas sencillas palabras fueron cobrando fuerza en mi interior.

La *oración de la serenidad* es bastante antigua, aunque no se sabe con certeza quién la escribió o cuándo fue escrita. Su origen se atribuye a Reinhold Niebuhr aunque él le dio el crédito a Friedrich Oetinger, un teólogo del siglo XVIII. La historia cuenta que Niebuhr leyó la oración en un obituario del New York Tribune y le gustó tanto que la compartió con Bill W., fundador de Alcohólicos Anónimos. Desde entonces, esta oración ha estado íntimamente ligada a este grupo.

La oración dice «Serenidad para aceptar lo que no puedo

cambiar», pero ¿qué es aquello que no puedo cambiar? Lo que no podemos modificar es que estamos enfermos de alcoholismo, eso es un hecho con el que tenemos que vivir. Asumirlo es el primer paso en nuestro proceso de recuperación. Tampoco podemos transformar todo acto que llevamos a cabo en el pasado, no existe una goma mágica que borre las consecuencias de las cosas buenas o malas que hicimos.

Cada acción produce cierto resultado. Las cosas no nos pasan por accidente o por suerte. Es el resultado de nuestros actos lo que nos ha traído a este punto específico de la vida, pero una vez adquirida la conciencia de esto, podemos comenzar por variar nuestra conducta para obtener resultados diferentes. La admisión de nuestra situación actual implica no protestar o quejarnos continuamente por todo lo que no tiene remedio.

Si aceptamos el pasado serenamente, esto es, con la mente en un estado de quietud, tranquilidad y calma, nos daremos cuenta de que todo aquello que ya «pasó» es imposible de cambiar. Lo que no podemos seguir haciendo es vivir con culpabilidad, ya que sentirnos culpables por el pasado es inútil y esta actitud nos va a impedir seguir avanzando.

Cuando nos sentimos culpables nuestra mente genera una gran cantidad de remordimientos, que son los causantes del miedo. Hace poco escuché a uno de mis compañeros decir: «Alguien me dio una sugerencia y la verdad es que no la seguí. No me arrepiento de haberlo hecho pero tengo miedo de las consecuencias». Desde el mismo instante en que esta persona afirma tener miedo es que sí se arrepiente y por ende sabe perfectamente que obró de forma incorrecta.

Si permanecemos llenos de culpabilidad y miedo nuestra mente se paraliza. La inmovilidad es un estado terrible; cuando nos sentimos así no podemos hablar o pensar. No funcionamos de manera correcta y nuestra mente se inunda de sensaciones negativas.

Pasamos los días sumergidos en un círculo que gira del pasado al futuro y que nos impide existir dentro del momento presente. Simplemente vivimos la vida sin estar presentes en ella. Es como si viéramos una película correr frente a nuestros ojos y no pudiéramos entrar y formar parte de ella. Nos sentimos separados del mundo, perdidos dentro de un laberinto sin posibilidad de encontrar la salida.

Si persistimos en esta actitud nos vamos a sentir mal durante mucho tiempo. El dolor nada pueda hacer para cambiar lo que ha sucedido.

☛ *Cuando decidimos dejar de beber jamás nos imaginamos que nos íbamos a enfrentar con lo más extraordinario que nos pudo haber sucedido: nosotros mismos.*

Pero la persona que vamos a empezar a conocer a partir de ese instante se encuentra vacía y llena de dolor. Está atiborrada de actitudes aprendidas y no sabe actuar ni tomar decisiones por sí misma. Recordemos que el alcohol era su amo y todos los actos de su vida giraban en torno a éste. Jamás pensó en tomar una decisión que no estuviera ligada a la bebida.

Escogemos sentirnos culpables porque entonces no tendremos que usar nuestro tiempo en otro tipo de actividades más eficientes y provechosas; es más sencillo seguir lamentándonos que trabajar hacia una recuperación. De esta manera, traslado mi responsabilidad por lo que soy o no soy ahora, a lo que era o dejaba de ser en el pasado.

Hace unos días platicaba con un amigo que se lamentaba de su sobriedad. «Es que era mucho más divertido cuando estaba borracho», me dijo, «sentía que era más simpático, que conseguía las cosas más fácilmente, simplemente me la pasaba mejor». Cuando dejamos de beber es muy normal sentirnos así. Vamos a extrañar terriblemente nuestros días de consumo y los vamos a rememorar con nostalgia, ya que evitábamos asumir cualquier tipo de responsabilidad y vivir así es mucho más cómodo.

Cuando traslado mi responsabilidad al pasado evito trabajar en el presente, y de igual manera evado los riesgos que acompañan al cambio. Estamos llenos de este tipo de evasiones: «es que yo quería estudiar arquitectura y mis papás me obligaron a estudiar leyes», «me siento terrible porque gracias a la bebida perdí mi negocio», «mi esposa y mis hijos me dejaron y estoy muy deprimido», «¿qué no se dan cuenta de que lo he perdido todo?»

Con este tipo de comportamientos lo único que estoy buscando es la compasión o la aprobación de los demás, y hago esto porque no me apruebo ni me quiero a mí mismo. Puedo continuar repitiéndome estas frases hasta el cansancio, también puedo asistir a mis juntas por años y permanecer igual, puedo seguir culpando a mis padres, esposa, hijos o amigos por mi situación actual, pero esto simplemente me va a dejar inmóvil. Voy a perpetuarme suspendida es este momento de manera infinita y nada va a ser diferente.

«Serenidad para aceptar las cosas que no puedo cambiar». Si aprendo a aceptar mi situación entonces me doy cuenta de que ya nada puede hacerse, que el pasado debe quedarse atrás, los momentos buenos o malos que viví son sólo eso, recuerdos y que seguir quejándome no me va a conducir a ningún lado.

Lo importante es aprender de ellos, reconocer en qué lugar me equivoqué y en cuál no y seguir adelante.

No puedo transformar el hecho de que soy alcohólico, lo que sí puedo cambiar es la manera en que quiero vivir mi vida de ahora en adelante y para hacer eso se requiere valor.

«Valor para cambiar las que sí puedo». Tener valor significa ser fuertes, no amedrentarnos y dejarnos caer cada vez que la vida nos pone algún obstáculo. Para conseguir esto vamos a necesitar grandes dosis de empeño y la perseverancia de seguir avanzando aunque a ratos las cosas no salgan como las esperamos. Es necesario aprender a hacernos cargo de nosotros mismos, saber que el más inteligente no es aquel que ha leído más libros o alardea de poseer grandes conocimientos, sino la persona que ha logrado crear a su alrededor una vida plena, útil y feliz.

Es importante comenzar a cuestionarnos, preguntarnos, qué es lo que estamos evitando y por qué tenemos miedo a cambiarlo. Frecuentemente escucho a mis compañeros del grupo hablar sobre sus matrimonios y lo mal que se sienten por seguir engañando a sus esposas con otras mujeres. La mayoría no desean perder su estabilidad conyugal y sin embargo continúan buscando fuera del matrimonio lo que tienen dentro. ¿Por qué?, pues porque es mucho más sencillo continuar repitiendo los mismos patrones de conducta que teníamos cuando estábamos bebiendo que transformarlos. Si le dedicaran tiempo y amor a recuperar su matrimonio, se perderían la adrenalina que genera el «enamorarse» constantemente, el acto de seducir a una desconocida, y el placer de la sexualidad desbocada que es uno de los mejores goces que nos otorga el alcohol.

Para comenzar a cambiar es necesario «dejar ir», y ¿quién está dispuesto a soltar aquello que le produce placer?, es mucho más cómodo seguir buscando a otras mujeres que llegar a casa, con una esposa que lo más seguro es que esté llena de enojo y resentimiento por los años en que estuvimos bebiendo, y tratar de reconquistar ese amor.

El cambio no tiene nada de sencillo. En mi caso estoy consciente de que tengo que transformar 45 años de conductas aprendidas, y obviamente esto no se va a conseguir en poco tiempo. A ratos me saboteo a mí misma, sobre todo en los momentos en que comienzo a sentirme muy bien, entonces hago algo para volver a estar mal. ¿Por qué?, simplemente porque no he aprendido que en la vida yo puedo ser feliz, estoy tan acostumbrada a estar llena de desasosiegos que me es imposible reconocerme dentro de una vida luminosa. Y son estos mismos sentimientos en los que he vivido durante muchos años los que me impiden avanzar.

Los hábitos que rigen mi vida son aquellos que he usado desde que era niña. Sentirme enojada, frustrada, temerosa o desgraciada forman parte de lo que soy, y el hecho de pensar en cambiar me regresa a estas emociones. Simplemente tengo miedo de vivir, de poder ser feliz, porque es algo nuevo y desconocido para mí.

«Valor para cambiar aquello que si puedo». Adquirir el valor no es tarea fácil. Admiramos a los héroes porque están llenos de esta cualidad, siempre logran sus objetivos venciendo a los villanos y conquistando a la chica de sus sueños; todo eso mientras salvan al mundo. Para nosotros la tarea es mucho más sencilla, simplemente tenemos que vencernos a nosotros mismos, conquistar nuestros sueños y en el camino, salvarnos. Para ello vamos a necesitar grandes dosis de sabiduría.

«Sabiduría para reconocer la diferencia». La sabiduría viene insertada en nuestra memoria a largo plazo. Con esto me refiero a que debemos comenzar por analizar todas las experiencias vividas, tanto las buenas como las malas, y reflexionar sobre ellas. Después de la reflexión debemos sacar conclusiones, y cada conclusión obtenida va a dar como resultado un aprendizaje. Cada vez que ejercemos este análisis vamos a aprender algo más sobre nosotros mismos. Esto suena muy complicado pero en realidad no lo es tanto.

Desde nuestra infancia hemos aprendido a reconocer lo que está bien y lo que no. Por ejemplo: si comienzo a quejarme constantemente, lo que debo hacer es detenerme, darme cuenta de que lo estoy haciendo y reflexionar para entender por qué lo hago. Probablemente me dé cuenta de que esa es la manera que conozco de atraer la atención de los demás y de recibir su compasión y reconocimiento, que este comportamiento me funcionó muy bien cuando era niña para llamar la atención de mis padres, que tal vez era la única forma en que conseguía hacerme notar. Sólo que el día de hoy ya no tengo 6 años y es tiempo de que aprenda a comportarme de otra manera. Ahora que sé por qué lo hago es tiempo de preguntarme qué puedo hacer para cambiarlo.

La transformación no se va a dar por sí misma ni de manera veloz, pero puedo comenzar por darme cuenta y hacerme el propósito de que cada vez que me «cache» en uno de mis ataques de quejas, detenerme y cambiar mi actitud diciendo algo positivo, cambiando súbitamente de tema, repitiendo suavemente la oración de la serenidad o simplemente quedándome callada.

☛ *Tenemos que aprender a tomar control de lo que somos para comenzar a conocer algo de lo que queremos ser.*

Ser feliz es fácil, lo difícil es aprender a no ser desgraciados. Poseemos el instrumento ideal para conseguirlo: nuestra mente. Nos encontramos llenos de sentimientos y emociones, y les permitimos tomar el control de nuestra vida. Lo que ignoramos es que nuestra mente es quien los genera.

☛ *Mis sentimientos provienen de mis pensamientos, yo tengo el poder de pensar lo que se me ocurra pero también tengo el poder de hacerlo desaparecer.*

Esta tarea es ardua y va a requerir de mucho tiempo y paciencia. Pero de la misma manera en que elijo sentirme desgraciada, puedo elegir sentirme feliz. Todo consiste en trabajar con serenidad y aceptar las cosas que no puedo cambiar, tener el valor para cambiar las que sí puedo y comenzar a ejercitar mi memoria a largo plazo y adquirir algo de toda la sabiduría pasada que me ayudará a distinguir la diferencia.

Algunas opciones para vivir sobrio

La vida en sobriedad no es tan oscura y aburrida como se llega a imaginar a ratos, pero puede llegar a parecer así si simplemente dejamos de beber. Tapar la botella y continuar comportándonos de la misma manera en que lo hacíamos cuando estábamos borrachos es algo fatal. Nos sentiremos realmente miserables si vivimos de esa manera, porque la pócima mágica a la que responsabilizábamos de nuestras acciones ya no va a estar ahí y eso nos va a enojar mucho.

Lo más seguro es que dentro de este sentimiento de frustración comencemos a desarrollar otro tipo de actitudes para esconder o evadir nuestras emociones. Puede ser que iniciemos el hábito de jugar en los casinos, de ingerir pastillas para dormir o antidepresivas, de buscar parejas diferentes para reafirmar nuestra sexualidad, o de brincar de bar en bar simplemente para observar a las otras personas beber. Ninguno de estos comportamientos nos va a conducir a nada. Simplemente nos hará sentirnos cada vez peor.

Dejar de beber implica hacer un pacto con nosotros mismos, es el compromiso de querer estar bien. Para lograrlo es necesario comenzar a transformar muchas de nuestras actitudes y hábitos. Es imposible seguir actuando de la misma manera que lo hacíamos y esperar resultados diferentes. Pero este cambio debe darse de manera paulatina; si intentamos cambiar todo de golpe, nos vamos a sentir realmente decepcionados.

☛ *Los axiomas: «poco a poco se va lejos» y «sólo por hoy», son básicos para nuestra recuperación.*

Si comienzo a pensar en el futuro y a pensar «es que ya jamás voy a volver a beber», me voy a sentir aterrorizado. ¿Cuántas veces no le prometimos a nuestros seres queridos que íbamos a cambiar? En mi caso intenté, más de una vez, dejar la bebida. Cambié las bebidas «fuertes» por sólo vino y cerveza; pretendí pasarme un tiempo consumiendo únicamente cerveza sin alcohol; las más audaces, suspendí la bebida por completo, solamente para recaer unos meses más tarde. El alcohol es la pareja más paciente que vamos a encontrar. Siempre va a estar ahí, esperándonos, porque sabe que el alcohólico tarde o temprano va a regresar a él.

Podemos comenzar por mentalizarnos: este día que inicia es similar a una página en blanco y yo puedo decidir lo que voy a escribir en ella. Escribir por ejemplo: el día de hoy no voy a beber. Con esta simple oración tengo suficiente para llenar muchas horas. No se trata de luchar con fuego y ametralladoras contra mi deseo de beber, no, simplemente es un pacto que estoy haciendo conmigo mismo este día. Si lo acepto como tal, pasar el día va a ser sumamente sencillo y cuando llegue a mi cama, por la noche, me voy a sentir bastante satisfecho.

Por supuesto que a lo largo de las horas voy a sentir ganas de «echarme» aunque sea una copa, pero entonces saco de mi mente esa página que escribí por la mañana y refuerzo mi promesa de que este día no voy a beber. «Es simplemente una cosa la que me prometí», me digo, «no puede ser tan difícil cumplirla», y entonces encamino mi mente hacia otra actividad. Los primeros días va a ser muy difícil, pero con el paso del tiempo lo vamos a hacer de manera automática.

El asunto es muy similar que cuando aprendes a manejar. Recuerdo que cuando cumplí 15 años mi madre decidió enseñarme a conducir. Debajo de mis pies había tres pedales: el acelerador, el freno y el *clutch*. Me sentí aterrada, ¿cómo iba a manejar tres pedales con sólo dos pies? Los primeros días nos sacudimos bastante, pero con el tiempo el asunto fue más y más sencillo. Actualmente ya ni siquiera lo pienso, me subo al coche y éste me lleva a todos los lugares que quiero sin sacudirme en lo absoluto.

Una vez que he dominado mi deseo de beber puedo comenzar a escribir más cosas en aquella página. Solamente una a la vez. Si decido que yo soy súper poderosa y lleno la hoja de cosas simplemente me voy a sentir pésimo cuando no logre llevarlas a cabo. Se debe tener mucho cuidado, porque si comienzo el día sintiéndome frustrada por todo lo que no conseguí el día anterior, corro el riesgo de darme por vencida y «descansar» mi frustración en esa copa que llevo tanto tiempo imaginando.

También puedo empezar por modificar esa serie de hábitos que formaban parte de mi vida de bebedora. Los cambios pequeños tienen un efecto fuerte sobre nuestro ánimo. Por ejemplo: si me levantaba cruda y lo primero que hacía era correr a la cocina a buscar agua, ahora puedo despertar lentamente y mirar un rato el noticiero antes de ir a la cocina; o si lo primero que hacía era remolonear en la cama porque me sentía pésimo y con dolor de cabeza, ahora puedo levantarme con mucha energía e ir a prepararme un café o un jugo para comenzar mi día de otra manera.

Algunas personas recomiendan meditar o hacer una oración por las mañanas como algo sumamente tranquilizante y fortalecedor; otras salen y comienzan a practicar algún deporte, si estamos quebrados económicamente, salir a caminar o trotar un rato no cuesta nada; tal vez inscribirnos en algún curso y aprender algo nuevo sea una oportunidad para conocer a personas nuevas y no alcohólicas.

Aprender a vivir en sobriedad parece ser más complejo de lo que en realidad es. Existe una enorme cantidad de lugares que hemos olvidado por completo. Nuestro tiempo siempre estaba ocupado por espacios repletos de bebida como bares, cantinas, fiestas y tiendas que vendían alcohol. Podemos intentar ir al cine o al teatro, salir a caminar a un parque, recorrer un museo, visitar algún lugar que no conocemos o unirnos a un club o a un gimnasio para comenzar a practicar algún deporte. ¿Por qué no utilizamos esa misma creatividad que teníamos cuando bebíamos para organizar este tipo de actividades?

Es importante aprender a evitar los lugares a los que recurríamos para beber. Si cada mañana hacía una parada en tal o cual lugar para comprar algo que me ayudase a curarme la cruda, pues ahora sería bueno cambiar de ruta e ir al trabajo o a la escuela por otro camino. Si la hora en que más bebía era la del almuerzo, puedo intentar comer solo o tal vez ir a casa y comer con mi familia. Al inicio de nuestra recuperación va a ser de vital importancia que dejemos de frecuentar los lugares a los que íbamos para beber, como las fiestas, y por supuesto los bares, cantinas y antros… al menos por un tiempo, en lo que estamos lo suficientemente fuertes para evitar recaer. Si nos encontramos realmente ansiosos, comer algo dulce nos ayudará a calmarnos.

También es primordial que no estemos solos demasiado tiempo. Si lo hacemos, nuestra mente va a comenzar a generar numerosos pensamientos sobre la bebida, en caso de que esto suceda ponerse en actividad es una buena opción o simplemente el llamar a alguien por teléfono e invitarlo a tomar un café para poder hablar de lo que nos sucede. A ratos vamos a sentir que tenemos demasiado tiempo entre las manos y no vamos a saber qué hacer con él.

☛ *Lo importante es no desesperarse, entender que todo esto, al igual que los primeros malestares que nos invadieron al dejar de beber, va a ir desapareciendo con el transcurso de los días.*

Estas son algunas opciones sencillas para sobrellevar el inicio de la nueva etapa que estamos viviendo. Lo importante es no darnos por vencidos, creer firmemente que tenemos la capacidad para resistir esa ansiedad y ese deseo vehemente de continuar bebiendo, que nos merecemos la posibilidad de ser felices, que es tiempo de comenzar a amarnos un poco más y sufrir un poco menos.

Es tiempo de avanzar.

10

Tormentas interiores y mucha lluvia alrededor

Sólo después de haber conocido la superficie de las cosas,
se puede uno animar a buscar lo que hay debajo.
Pero la superficie de las cosas es inagotable

Italo Calvino
Palomar

Habitamos este mundo llenos de tormentas: tormentas eléctricas, huracanes, tsunamis y, en los mejores momentos, lluvias tropicales. Nunca tenemos paz interior. Sentimos que nuestro cuerpo y mente están bastos de agua, viento y electricidad, los cuales nos impiden ver la vida claramente. Y ¿cómo queremos conocer aquello que reside debajo, si el oleaje es demasiado turbulento? Somos simples personajes, arrastrando lluvia por todos los lugares que visitamos.

Impacientes, perfeccionistas, angustiados, iracundos, llenos de nerviosismo y miedos caminamos por la vida. Cuando convivimos con otra persona la dejamos empapada, buscamos de todas las maneras posibles que ese otro se sienta igual que nosotros, que nos entienda y se compadezca de nuestra situación. Queremos que sea otro el que cargue con nuestras emociones; estamos tan cansados, que pasamos mucho tiempo buscando a quién aventarle las tormentas para sentirnos un poco mejor.

Parados frente al resto de los mortales alardeamos de nuestros defectos de carácter: «Es que soy iracundo, autocompasivo, alcohólico»; «Me da miedo enfrentarme a las cosas»; «La verdad es que soy un mentiroso y me encanta serlo»; «¿No ven que soy estúpido hasta para vivir?», y la lista continúa. Preferimos vivir a la altura de una etiqueta, que nos impide reconocernos y cambiar, que enfrentar la realidad de nuestra situación y transformarla.

Las etiquetas son bastante cómodas. Si baso cada una de mis decisiones y acciones de vida guareciéndome en la idea de que soy alcohólica y por eso soy de tal o cual manera, jamás me voy a permitir dar ese paso tan necesario para modificar la verdadera naturaleza de mi ser.

Con la idea de que los alcohólicos somos impacientes y berrinchudos, que deseamos que todo se haga en el momento en que se nos ocurre y a la velocidad de nuestra voz, tratamos de imponer nuestra voluntad sobre los demás, y con ello lo único que vamos a conseguir es crear una nueva tormenta, ya que la persona en cuestión tal vez no quiera o no pueda hacer lo que deseamos, y eso nos creará bastante frustración.

Un ejemplo sería: hoy desperté y se me ocurrió que mi esposo tiene que acompañarme al supermercado a las diez en punto. Entonces le digo: «¿Podemos ir a las diez de compras?», pero resulta que justamente en ese horario van a pasar el partido de futbol que lleva dos semanas esperando y él se niega. Me dice: «mejor vamos mañana o cuando se termine el partido». Yo voy, abro mi mochila, saco mi etiqueta de alcohólica impaciente y comienzo a gritar: «lo que pasa es que ya no me amas, sólo te importa el futbol, nunca, ¿entiendes?, nunca quieres hacer nada de lo que a mí me interesa». Y lo que podía haber sido un día apacible y normal se convierte en una tormenta eléctrica. Lo más seguro es que él va a continuar viendo el futbol, aunque algo enfurruñado, y yo voy a pasar el resto de la mañana en completo descontrol de mis emociones y paseando mi etiqueta de un lado al otro de la casa como si fuera un premio que adquirí por estar enferma.

Gastamos una cantidad monumental de energía tratando de vivir a la altura de estas etiquetas. Tengo un amigo que se define a sí mismo como iracundo. Está plenamente convencido que el resto de su vida va a vivir lleno de ira, simplemente porque él es así. Cada vez que estalla y se enoja, se refugia en esa idea. Y vive realmente enojado: porque se descompuso su aspiradora, porque el café estaba frío, si la mesera del restaurante se tardó un poco más de lo usual en traer su desayuno, o simplemente porque se levantó de malas. Lo importante es seguir viviendo dentro de la etiqueta que se autoimpuso. Si un día despertara y se sintiera en paz y libre de ira, no sabría qué hacer, ni cómo pasar las horas. Está tan acostumbrado a vivir así que no conoce otra opción. Toda su energía está enfocada a sentirse molesto.

Cada vez que usamos una de estas frases nos definimos, y eso va a afectar la concepción que las personas tienen de lo que somos. Si me la paso diciendo que soy autocompasiva, no será raro escuchar que alguien diga: «pobre Alejandra, siempre se está quejando. Me siento mal por ella». ¿Realmente esto es lo que deseo proyectar?, ¿es ésta la imagen que quiero que los demás tengan de mí?, ¿verdaderamente me siento a gusto siendo autocompasiva, o deseo cambiarlo pero simplemente no me atrevo?

Al continuar reafirmando mis defectos de carácter justifico mi situación actual y refuerzo la apatía y pereza que siento para transformarme. Prefiero que los demás sean los responsables de mi actitud actual porque eso me evita sufrir el dolor y el miedo de aprender a hacer las cosas de manera diferente. Cualquier cosa es mejor que esforzarme. ¿Cuántas veces no hemos escuchado lo siguiente?: «¿Qué no te basta con que haya dejado de beber, ahora quieres cambiarme?»; «Si no te gusta cómo soy pues es tu problema no el mío»; «Siempre he sido así y no tengo intención de ser de otra manera». Y mientras tanto la lluvia se hace más y más abundante.

Somos los mejores jueces del comportamiento y actitudes de los demás. Continuamente estamos opinando sobre esto o aquello. Diariamente mi correo electrónico se encuentra lleno de presentaciones con historias de superación personal, citas y cosas destinadas a hacerme sentir «bien». La verdad es que durante mucho tiempo los mandé directamente a la bandeja de basura sin siquiera abrirlos, pero desde que comencé la escritura de este libro, los abro y los leo con cuidado. Curiosamente, a lo único que me han llevado es a preguntarme lo siguiente: ¿Por qué la persona que me los envió no los aplica?, ¿está esperando a que yo los lleve a cabo para saber si realmente funcionan?, ¿cuál es el objetivo de seguir mandando estas cadenas, sentirse bien, o que el que los abra decida que tal o cual persona los necesita más que él?

Me es más sencillo opinar sobre los defectos de los que me rodean que darme cuenta de los míos y hacer algo al respecto. Extrañamente, los seres humanos funcionamos como espejos, lo que más me molesta en otra persona es probablemente algo que me incomoda respecto de mí mismo. ¿Por qué no hacer lo mismo con las virtudes del otro?, ¿por qué no adquirir algo de esa vitalidad, optimismo y felicidad que poseen los demás? La verdad es que estamos tan acostumbrados a vivir tan llenos de tormentas, que los días soleados nos parecen algo inalcanzable o de plano sumamente aburridos.

Hemos hecho de nuestros defectos una forma de vida, y una vez instalados en ésta nos sentimos cómodos y seguros. Cuando el clima en nuestro interior comienza a despejarse, buscamos desesperadamente volver a encontrar algo de lluvia o viento, para reconocernos. Tengo un amigo que está lleno de virtudes; es un hombre optimista, lleno de energía y siempre está haciendo algo positivo. Después de un rato en su compañía comienzo a sentirme cansada y entonces me pregunto: ¿Por qué está tan feliz?, ¿no le gustaría deprimirse de vez en cuando?, ¿qué nunca se cansa? Probablemente estas preguntas lleguen a mi mente porque mi forma de vida es estar cansada y deprimida, y me es imposible comprender que otra persona pueda sentirse segura y cómoda en una situación vital y feliz.

La sobriedad es un estado extraño. Nos enfrenta con las mismas emociones que sentíamos en nuestras épocas de consumo, pero sin la posibilidad de bloquearlas o hacerlas «mágicamente desaparecer». Esto produce una gran cantidad de dolor, es similar a ser operados en el quirófano pero sin anestesia. A ratos el sufrimiento de la transformación es tan fuerte que preferimos regresar a la bebida y olvidarnos del martirio que representa crecer. Cualquier cosa con tal de que la tormenta arrecie.

Prefiero habitar en el pasado antes que avanzar hacia lo desconocido. Nos la pasamos rememorando cosas: los programas en la tele eran mejores, antes el mundo era más seguro y no había secuestradores ni narcotraficantes que se robaran a las niñas, la comida de las abuelas sabía mejor, las niñas y niños salíamos a jugar a la calle en vez de pasarnos horas en el Facebook, el dinero rendía más, las fiestas eran más divertidas, tenía más amigos, mi forma de beber aún se podía controlar, entonces sí que me la pasaba bien, etcétera. Y esto me lleva a lo siguiente: si ya pasé todo este tiempo sobria, pues es obvio que no tengo un problema con el alcohol y probablemente todo fue una idea de mi mente, y en realidad sí puedo continuar bebiendo, claro, como una bebedora social. La verdad es que sí soy capaz de controlar mi alcohol, ¿no era eso lo que hacía al principio de mi carrera alcohólica?

Hay que tener mucho cuidado. Si nos descuidamos y comenzamos a escuchar este tipo de pensamientos, corremos el peligro de recaer rápidamente. Una amiga mía se dio permiso de beber una sola copa de vino, e increíblemente lo logró. Se sintió tan bien con este hecho que al día siguiente se permitió beber dos; para el final del mes estaba convertida en un verdadero caos. Además de haber regresado a lo mismo, se sentía terriblemente culpable por tener que enfrentar a todas aquellas personas que la habían apoyado durante su recuperación.

El pasado nos alcanza rápidamente si se lo permitimos. Apoyados en la comodidad de sabernos plenos de defectos y en la continua búsqueda de lluvia, viento, truenos y relámpagos, lo más sencillo es dejarnos caer. Para proseguir en el camino hacia la felicidad es necesario que estemos plenamente convencidos de que es el que deseamos.

Nuestra mente es como un rompecabezas al que acabamos de sacar de la caja. Las piezas están regadas por todas partes y no sabemos la imagen que podemos armar con ellas. Probablemente lo único que conozcamos es la fotografía que viene impresa en la tapa y ya una vez decididos a formarla, comencemos a trabajar lentamente. De igual manera funcionan nuestros pensamientos al dejar la bebida; cada pieza de ese rompecabezas equivale a un pensamiento. A ratos no va a encajar en el lugar correcto, pero lo importante es seguir intentando hasta forjar una imagen lo más parecida a lo que deseamos construir. A lo mejor al terminar nos demos cuenta de que el proveedor se equivocó y colocó las piezas en la caja incorrecta y en vez de armar un paisaje hemos estado trabajando en un mapamundi.

Por momentos podemos pensar: «ya sé, esto es exactamente lo que deseo», para el momento siguiente decidir algo completamente diferente. No hay que desesperarse, esto es bastante normal. Es imposible que de un día al otro sepamos lo que esperamos de nuestra vida; lo importante es seguir intentando. Si tomamos un solo pensamiento a la vez y buscamos el lugar correcto para acomodarlo, vamos a estar tan ocupados que nos vamos a olvidar, por un tiempo, del resto de las piezas. Si tenemos el empeño y continuamos armando la figura, poco a poco, las tormentas van a ir amainando y algo de esa paz que buscamos va a comenzar a impregnar nuestras horas.

Somos seres humanos y por ende nos equivocamos. Equivocarse es bueno, nos ayuda a crecer. Con cada desacierto vamos a aprender algo nuevo sobre quién somos y hacia dónde vamos. Para conocer el lugar al que nos dirigimos es necesario saber a dónde no queremos ir. Así podemos ir descartando opciones y quedarnos tan sólo con unas pocas. Si conocemos aquello que no deseamos ser, podremos entonces comenzar a eliminar muchas de esas etiquetas que llevamos colgadas.

Recordemos que en este proceso es primordial enfocarnos en una sola cosa a la vez. Decir por ejemplo: «verdaderamente estoy harta de quejarme, esto es lo que no quiero de mí». El siguiente paso es intentar cambiarlo. Si empiezo a pensar: «hoy no quiero tender la cama», puedo reemplazar el pensamiento y visualizar mi cama recién tendida y lista para recibirme por la noche, en vez ese amasijo de cobijas y sábanas que estoy mirando. También puedo comenzar por callarme. Cada vez que vaya a pronunciar una queja, guardármela sólo para mí, y cambiar rápidamente de pensamiento.

La vida funciona a manera de prueba y error. Intentamos una cosa, y si no funciona, pues tratamos hacerla de manera diferente, y así sucesivamente. Si colocamos nuestra energía en llevar a cabo una tarea diaria, al final del día nos vamos a sentir realmente satisfechos. En lo personal, los días lluviosos me gustan mucho, pero ninguno de ellos se equipara a la siguiente experiencia: ayer por la tarde, de regreso a casa después del trabajo, la lluvia súbitamente se detuvo, el cielo comenzó a abrirse y ahí, de la nada, envuelto en el silencio de las nubes, apareció un rayo de sol e iluminó la carretera. Me hizo sentir tan tranquila y en paz que bajé la velocidad y manejé más despacio para disfrutar el paisaje.

«Así es esto de cambiar», pensé. Disminuir un poco las tormentas, enfocar mi mente en una sola actividad diaria, permitir que los demás vivan su vida sin seguirles arrojando el exceso de lluvia que poseo y permitir que un breve rayo de sol ilumine mi existencia. ¿A dónde voy y qué quiero? Todavía no lo sé, pero todo es cuestión de seguir intentando. Total, al final del camino lo importante no es la imagen que hice, sino el camino que me llevó a terminarla.

11

El no hacer o el secreto de la felicidad

El supremo arte de la guerra
es someter al enemigo sin luchar

SUN TZU
El arte de la guerra

A veces, para seguir avanzando hay que dejar de hacerlo. Probablemente nos estemos esforzando tanto en hacer tal o cual cosa, que la experiencia deja de ser placentera y se convierte en una de sufrimiento. Cuando esto sucede, es momento de «dejar de hacer», suspender toda actividad, tomarnos un respiro y simplemente, por un instante, no hacer nada.

La transformación que estamos llevando a cabo requiere de grandes dosis de valor, valor para soltar y dejar ir todo aquello a lo que nos hemos estado aferrando para sentirnos seguros. En el momento justo en el que «soltamos», aunque sea un poco de esa seguridad, nos convertimos en guerreros; seres poderosos con la capacidad de librar las más feroces batallas, porque verdaderamente nos enredamos en muchas de ellas; luchamos contra nuestros defectos, con cada día, con las personas que viven alrededor nuestro y, lo más terrible, contra nosotros mismos.

Esta pelea nos va a dejar increíblemente cansados y si no tenemos cuidado, bastante frustrados también. Los defectos y la vida que hemos aprendido a vivir hasta ahora no se disuelven mágicamente. Estamos plenos de conductas aprendidas y de «mañas» que usamos cada vez que nos sentimos amenazados. Gastamos mucha energía y tiempo en defendernos, en justificar cada una de nuestras acciones ante los demás, en tratar de convencernos de que lo que hicimos está bien, aunque muy en el fondo seamos conscientes de que actuamos de manera errónea.

Por naturaleza somos seres impacientes. Durante nuestra época de consumo, corríamos de un lado al otro en la búsqueda de nuevas fiestas, excusas para beber y lugares en los que abundaba el licor. La única capaz de frenar este maratón era la cruda, pero con un par de copas más y una vez puestos «a nivel», continuábamos corriendo. No podemos darnos cuenta de lo extenuados que estamos hasta que suspendemos el alcohol.

Una vez que reconocemos nuestros defectos, queremos hacerlos desaparecer a la misma velocidad en que lográbamos hacerlo con un martini. Nos reconocemos alcohólicos y, por ende, tenemos tatuado en nuestra frente que somos acelerados, impacientes, iracundos y egoístas. Estallamos a la misma velocidad que los fuegos artificiales cuando alguien se opone a nuestra voluntad, pero con esa misma facilidad, cambiamos de parecer y permitimos que nuestros impulsos básicos guíen nuestro andar.

Los momentos de quietud nos parecen algo extraño e innecesario. Como dicen: «es mejor tomar al toro por los cuernos» y que las cosas sucedan tal cual deban de suceder. No hay que pensarlo mucho, vamos a darle a nuestros defectos «duro y a la cabeza». Probablemente logremos hacer esto durante algún tiempo, pero eventualmente vamos a terminar igual de cansados y frustrados que cuando estábamos bebiendo. Para ganar las batallas es necesario aprender algo de estrategia militar.

El asunto es similar al de las guerras, si un ejército arroja una bomba sobre una ciudad, lo siguiente que va a hacer su general, es esperar. Para poder decidir cuál será el siguiente movimiento, debe conocer la reacción de su enemigo; tal vez éste contraataque, o probablemente se rinda, quizá decida que es tiempo de darle una solución más pacífica al conflicto y pida una audiencia para sostener diálogos de paz.

Antes de realizar cualquier movimiento, es necesario examinar y meditar sobre lo que pensamos hacer. El «no hacer» es un arte por demás antiguo, es el de la paciencia y el silencio. Esto no significa acostarnos en nuestra cama y remolonear, o pasar por la vida sin ejercer ningún tipo de actividad.

☛ *La espera es en sí misma una actividad, significa no permitir que nuestro siguiente paso esté determinado por un arranque, una pasión o un deseo. Sencillamente vamos a esperar a que la turbulencia de nuestra mente se aquiete y alcance un nivel estable.*

Como dice el refrán popular: «No permitas que los zopilotes que vuelan sobre tu cabeza aniden en ella». Los pensamientos negativos son como los zopilotes, lo que no debemos permitir es que se instalen en nuestra mente y hagan su nido en el interior. Si les concedemos ese poder, nuestro diálogo interno jamás se va a suspender. Y vaya que platicamos. Pasamos horas y horas tratando de convencernos de las cosas más increíbles: tomamos un sentimiento pequeño y hacemos de éste una madeja tan enredada, que podemos pasar toda una vida tratando de desenmarañarlo, nos enfrascamos en la vida de otras personas y queremos ajustarla a nuestra voluntad, elaboramos gran cantidad de planes para el futuro, lloramos por un pasado que ya no existe, y así sucesivamente. Vivimos atiborrados de pensamientos.

☛ *Es tiempo de descansar, detener este diálogo inacabable y permitir que la vida fluya.*

Hay que utilizar al enemigo para derrotar al enemigo, de la misma manera en que somos capaces de vencernos a nosotros mismos constantemente. Para conseguir esta victoria es necesario conocer qué es lo que deseamos cambiar, dar el primer paso, y esperar.

Nuestros contrincantes nos son bastante familiares, hemos convivido con ellos por mucho tiempo, ahora sólo hay que aprender a engañarlos. Por ejemplo: Sé que vivo enojada porque mi vecino tiene un coche mucho mejor que el mío y cada noche, cuando lo veo llegar de la oficina, siento que se me retuerce el estómago y no puedo dormir bien, porque me la paso imaginándome dentro de ese auto, pienso que me lo merezco más que él y no comprendo como él sí pudo comprarlo y yo no. Entonces doy el primer paso y engaño a mi mente cambiando mi rutina nocturna; en lugar de esperar a que llegue el vecino, voy a ocupar mi tiempo en terminar algo que dejé pendiente ese día, o en realizar algo opuesto a lo que hago cada noche. Una tarea sencilla, pero sumamente efectiva, que voy a repetir la noche siguiente.

Parecerá que no estoy haciendo nada importante ni trascendental para vencer a este sentimiento de envidia, pero con el paso de los días, y de manera automática, voy a ir olvidando el auto del vecino. Tal vez, un par de semanas después, lo vea pasar, pero la emoción ya no va a ser la misma. Por supuesto que no se esfumó, pero seguro que sí perdió intensidad. Si continúo ejecutando esta simple acción por un tiempo más largo, lo más probable es que al verlo pasar yo ya haya olvidado lo que sentía. La mejor manera de vencer nuestros defectos de carácter es simplemente ignorarlos. No hacer nada para vencerlos, reconocer que están ahí, mirarlos pasar, y concentrar mi atención y energía en las pequeñas tareas que me impuse para ese día.

Si saco todo mi arsenal y arrojo bombas, granadas, balas y cañonazos sobre la emoción, voy a terminar extenuado y ella solamente se va a hacer más poderosa, porque las emociones son como esos monstruos de las películas de terror, a quienes no importa cuántas balas les disparen, o si les arrojan fuego, los avientan de un avión o los cortan en mil pedazos; nunca se mueren. Para poder acabar con ellos, el héroe o heroína tienen que encontrar su punto débil. Y pasan gran parte de la cinta verdaderamente estresados, corren de un lado a otro, vemos muchas persecuciones, asesinatos y batallas espectaculares, antes de que un científico, quien ha pasado gran parte de este tiempo oculto en su laboratorio, les susurre al oído: «todo lo que tienes que hacer es seguir esta sencilla receta...» Y entonces, en los últimos tres minutos de la película, el monstruo es felizmente derrotado y la vida recobra su estabilidad.

En nuestro caso, la película parece no tener fin. Seguimos intentando matar al monstruo y fracasamos continuamente. Estamos tan agotados que dejamos de ver, sentir y oír. No nos interesa ni el científico ni su laboratorio maravilloso, todo lo que deseamos es seguir peleando. Al fin y al cabo somos soldados y esa es nuestra naturaleza. ¿Cómo vamos a vivir si la guerra se termina?, ¿qué va a ser de nosotros? Nos encontramos tan inmersos en esta idea que nos negamos a ver la sencillez de la respuesta. Pues simple y llanamente: ser felices.

☛ *Hemos nacido para ser felices.*

La felicidad es un estado de armonía interna, una sensación de bienestar que perdura a lo largo del tiempo, es aprender a valernos por nosotros mismos, hacer nuestra vida tan atractiva que los demás se sientan atraídos por ella, no depender de nadie y permitir que las emociones, tanto buenas como malas, fluyan a través de nosotros sin modificar nuestra tranquilidad. La felicidad se alcanza cuando logro soltar, cuando dejo de estar apegado a las cosas, y me permito ser congruente entre lo que pienso, digo y hago.

☛ *Todo lo que tengo que hacer es permitirme ser feliz.*

El secreto mágico para ser felices es simplemente no hacer nada. No quejarme, no envidiar, no enojarse, no alardear, no auto compadecerme, no llorar ni reír en exceso, no amar demasiado, no esperar algo de los demás, no pelear, no sufrir, no temer, no apasionarme tanto por cosas vanas, no desear aquello que no puedo tener, no librar batallas que de antemano sé que están perdidas, no gritar, no juzgar al otro y mucho menos a mí misma. Sin más: no hacer.

Vivir mi vida en este momento, disfrutar la tranquila emoción de escuchar música mientras escribo este párrafo y no pensar en otra cosa: es todo lo que tengo. Ayer ya no existe, mañana quién sabe qué vendrá. No voy a hacer nada diferente de lo que estoy llevando a cabo en este instante porque no existe otra cosa. Mi vida es una sucesión de momentos dibujados sobre una superficie a la que llamamos tiempo. Y, ¿cuál es el propósito de pintar sobre un cuadro ya terminado, o intentar bosquejar algo que seguramente va a ser diferente de como lo imagino?

Esto no significa de ninguna manera que voy a terminar convertida en una santa, sé que las emociones van a estar ahí, siempre presentes, pero en el instante en que aparezcan, las voy a vivir con total plenitud y posteriormente las voy a dejar ir, porque su momento ya pasó. Por ejemplo, hace unos días comencé a sentirme sumamente angustiada. Me di cuenta de ello y me dije: «Alejandra, si te vas a angustiar hazlo bien». Terminé tirada en la cama con una migraña espantosa. Después de varias pastillas para reducir el dolor y una noche sin dormir, me dije: «bueno, ya vi lo que se siente hacer las cosas bien hechas. Ahora a otra cosa mariposa», y retomé mis actividades del día. Desde ese día no he vuelto a sentirme angustiada.

Cuando el dolor que nos inflige determinada emoción es mayor que el dolor de cambiarla, entonces es tiempo de actuar. Escogí sentir angustia para poder aprender de ella; experimenté su efecto sobre mi mente y cuerpo, y ahora sé lo innecesario de continuar con ese patrón de conducta, ya que lo único que conseguí fue sentirme pésimo y mis problemas económicos ni desaparecieron ni se resolvieron. Lo diferente fue que esta vez me angustié porque yo así lo elegí y de igual manera, tengo el poder de decidir sentirme de otra forma. Mis pensamientos son los amos de mis emociones y yo tengo el poder de transformarlos. Sólo yo, nadie más puede entrar dentro de mi cabeza y decirme cómo debo comportarme, actuar o pensar.

La felicidad absoluta no existe, pero sí podemos aprender de nuestros errores, olvidarnos un poco más de nosotros mismos, vivir el momento presente con total intensidad, cultivar el arte del no hacer y, con el tiempo, vamos a descubrir que nuestros periodos de estabilidad y tranquilidad emocional, son cada vez, más y más largos. Y como dijo Benjamín Franklin: «La felicidad humana generalmente no se logra con grandes golpes de suerte, que pueden ocurrir pocas veces, sino con las pequeñas cosas que ocurren todos los días».

Esa infinita dimensión a la que llamamos Dios

A todos, incluso a los más brillantes, nos llega el momento de reconocer nuestros límites y condición humana, y cuando esto sucede comenzamos a cuestionarnos sobre la existencia de algo superior a nosotros mismos. No importa el nombre que se le dé: Yahvé, Alá, Santísima Trinidad, Tao, Dios, Poder

Superior, etcétera; el reconocimiento de algo que nos excede y supera ha sido tema de polémica por siglos.

En varias religiones, como la judía, cristiana y católica, Dios goza de tres cualidades principales; es omnipresente, omnipotente y omnisciente. Esto significa que tiene el poder de estar presente en todo lugar, que posee poder absoluto sobre todas las cosas y que tiene la capacidad de saber las cosas que han sido, las que son y las que serán.

En mi caso reconozco que la aceptación de Dios es simplemente un acto de fe. Tomar refugio y descansar en este poder, es una de las experiencias más íntimas que podemos encontrar, ya sea por medio de la oración o a través de nuestras acciones cotidianas, la sensación de sentirnos protegidos es sumamente reconfortante.

El alcoholismo no distingue edad, condición social, raza y mucho menos religión. Cualquier persona puede sufrir esta enfermedad. Por eso, dentro de la filosofía de Alcohólicos Anónimos se habla de un Poder Superior y no de Dios. Cada quién es libre de creer y confiar en lo que quiera, o sencillamente de no creer en nada. Lo que importa es el deseo de recuperar el estado de sobriedad.

Durante nuestra carrera de alcohólicos olvidamos por completo el concepto de Dios; algunos estaban plenamente convencidos de que nos había abandonado, otros pensaban que era un castigo por ser tan malos, y los más, sencillamente dejaron de creer en su existencia. La recuperación de nuestra vida parecía algo tan lejano e imposible como la posibilidad de volver a tener fe en algo.

Durante la carrera de alcohólicos nuestra vida se había convertido en algo tan caótico e ingobernable que no había cabida para nada más que para continuar bebiendo. A ratos, cuando el dolor se hacía demasiado fuerte, tal vez recurrimos a Él (dios) para pedirle que lo detuviera, o simplemente lo hicimos para reclamarle por seguirnos lastimando de esa manera, quizá sólo para olvidarlo al momento siguiente y beber otra copa.

Pero dentro de la ingobernabilidad y el caos, surge algo que une todas las cosas, una fuerza que nos mantiene en contacto con el universo y con los seres humanos, un poder que nos supera en pensamiento y acción, un algo mayúsculo y poderoso, pero estamos tan ciegos, anclados con hierro y fuego al deseo de seguir autodestruyéndonos, que sencillamente esa idea del bien no nos interesa en lo absoluto.

Tenemos una sola cosa en la mente: el deseo irrefrenable de morirnos, terminar de una vez por todas con todo el dolor y el caos. Jamás nos detenemos a ponderar la idea de qué va a suceder una vez que estemos muertos. Simplemente bromeamos con la idea de que el infierno va a ser nuestro hogar por el resto de la eternidad. Estas ganas inaguantables de acabar con la vida van de la mano con nuestra incapacidad para detenernos, estamos sometidos a los caprichos de una botella.

Quebrados, rotos, sin voluntad ni fortaleza, tirados en algún lugar, abandonados por nuestros seres queridos, pisoteados, humillándonos continuamente frente a los seres más aberrantes para conseguir otra «dosis», perdidos en los laberintos de las alucinaciones, sin emociones, desgajados, hechos añicos pasamos los días, la sola idea de cambiar nuestra situación nos revuelve el estómago. ¿Cómo creer en la existencia de algo que nos excede?, ¿cómo volver a confiar en un poder mayúsculo si ni siquiera confiamos en nosotros mismos? Nos sentimos abandonados e increíblemente perdidos.

Fracturados entre el deseo de continuar bebiendo y la idea de regresar a una vida limpia de adicciones, nos mecemos igual que los elefantes, «sobre la tela de una araña». Pero por fantástica que nos parezca la idea, las telas de araña son asombrosamente resistentes, esa es la tendencia natural del ser humano hacia el bien y la felicidad que aún habita en nuestro interior. ¿Quién no ha llevado a cabo actos de amor y desprendimiento aún en sus peores días de consumo?

Inesperadamente, llega el día en que algo se rompe en nuestro interior y nos dice que ya fue suficiente, que es el momento de pedir ayuda, que probablemente sí exista algo mejor que aquello que hemos convertido en nuestra cotidianidad. Conozco el caso de un hombre quien ya lo había perdido todo, vivía debajo de un puente, robando para poder mantener su adicción. En un instante, sólo uno, decidió que ya era tiempo de retomar su diálogo con Dios y le pidió una señal. Sorprendentemente ese mismo día pasó por ahí un muchacho y le ofreció la ayuda. El joven en cuestión era «padrino» de Alcohólicos Anónimos, recogió al hombre y lo llevó a un centro de recuperación, desde entonces su vida se transformó.

Recobrar nuestra relación con lo divino requiere de tiempo. Sanar las heridas y recuperar el control de nuestras emociones no se da de un día al otro. Cuando llegué a Alcohólicos Anónimos mi vida estaba hecha un caos, mis estados de ánimo oscilaban de un extremo al otro en cosa de minutos; podía llorar y sentirme miserable y un momento después enojarme terriblemente por no poder continuar bebiendo y tener que enfrentar la culpabilidad y el remordimiento que me generaban mis acciones pasadas y esto aunado a los síntomas físicos de la abstención fue lo más parecido al infierno. ¿Cómo podía en un estado semejante comenzar a pensar en algo omnipotente y bondadoso? Todo lo que quería era otra copa.

Pero las telas de araña resisten las tormentas más abundantes, y esa red tejida con amor, paciencia, perdón, bondad y sabiduría, fue lo suficientemente fuerte como para sostener esos primeros meses de abstención. El proceso fue muy doloroso, pero no tanto como los últimos días en que estuve ahogada en autoconmiseración y alcohol. Si ya había intentado terminar con mi vida en más de una ocasión, ¿qué podía perder dándome una oportunidad de vivir de otra manera? Nada puede superar el dolor de saberse increíblemente vacío y despedazado. Si ya conocí el final del túnel, ¿por qué no dar la vuelta y caminar hacia el otro extremo para ver si de casualidad conduce a la salida?

Con el paso del tiempo comencé a recordar quién era Alejandra, y en proceso descubrí el placer de la oración. Una oración no es más que un conjunto de palabras, que unidas por cierta estructura gramatical, son capaces de expresar algo entendible. Si ya había gastado mucho tiempo y energía, sin ningún resultado, en una descomunal cantidad de diálogos interiores, los cuales estaban destinados a convencerme de que lo mejor era seguir bebiendo, ¿por qué no intentar juntar unas pocas palabras y repetirlas constantemente para ver si así me sentía un poco mejor?

Día a día repetí la *oración de la serenidad,* de la que hablé en el capítulo nueve. Cada vez que veía a alguien con una cerveza en la mano, sentía que se me hacía agua la boca y mi cuerpo deseaba correr y arrancársela por la fuerza al que la bebía: oraba. Cuando llegaba el viernes y mis vecinos organizaban una fiesta y todo lo que mi mente me decía era: «córrele, únete a la fiesta, una copa solamente. No pasa nada»: oraba. Si iba al supermercado y el carrito de la compra se dirigía mágicamente a los pasillos de bebidas alcohólicas: oraba. Y así sucesivamente. Al principio no entendía muy bien lo que estaba repitiendo, pero no importó. Si la simple reproducción de una secuencia de palabras conseguía vencer mi deseo de beber, yo iba a continuar. Y lo hice.

Con el tiempo he recuperado mi relación con Dios. La oración cotidiana tiene un efecto tranquilizador sobre toda la turbulencia que aún llego a sentir. Mi deseo irrefrenable de beber se ha transformado en un simple antojo que de vez en vez surge y que se esfuma rápidamente. Comprendo que ese poder que nos une y sostiene está compuesto de amor, bondad y sabiduría.

Lo que sí me queda muy claro es que esa red que me sostiene no es la responsable de mis acciones y deseos. En mí está la posibilidad de cambiar, sólo yo tengo la fuerza y el poder de transformarme, de avanzar o retroceder, de tomar lo que la vida me ofrece o de seguir rechazándolo. Yo soy la arquitecta de mi destino y la responsable de las consecuencias de mis acciones. Dios simplemente me envía las señales y me dice: «es por aquí o por allá», pero en mí está el poder de seguirlas o de continuar evadiéndome.

Y esto me recuerda la historia de un hombre que se encuentra sobre el techo de su casa después de una terrible inundación. «Dios», le dice, «ayúdame». En ese momento pasa una lancha y el conductor le grita: «súbete, sálvate». «No», le contesta el hombre, «Dios lo va a hacer». La lancha se va. Al poco rato aparece otra y la situación se repite. A la tercera lancha que despide, el hombre cae al agua y muere ahogado. Cuando llega a las puertas del cielo, le reclama a Dios: «¿Por qué no me salvaste si te lo pedí con muchas ganas?» Y Dios le contesta: «¿Qué, eres tan ciego que no viste que te mandé tres lanchas?»

La vida en sobriedad va a estar plagada de señales, está en la voluntad de cada uno de nosotros seguirlas, darnos la oportunidad de aprender a vivir de manera diferente, recobrar la confianza en lo que somos, dejar de tener miedo y simplemente dar un paso y avanzar. Sólo nosotros tenemos la capacidad de religar nuestra relación con lo divino, subirnos a esa lancha y salvarnos. Las tres cualidades de Dios están ahí, rodean todas las cosas y nos cobijan constantemente con su red de amor, compasión y bondad. No se pierde nada si nos damos la oportunidad de creer en ellas, de tomar refugio y avanzar, día a día, hacia algo infinitamente mejor y más luminoso. Todo es cuestión de tener fe.

12

El corazón no es sólo un órgano

> El amor es semejante a un árbol; se inclina por su propio peso, arraiga profundamente en todo nuestro ser y, a veces sigue verdeciendo en las ruinas de un corazón
>
> VÍCTOR HUGO

Nos enamoramos y dejamos de estarlo con la misma facilidad con la que nos cambiamos de calcetines. Forjamos una imagen mental de lo que esperamos que sea el otro: tiene que ser increíblemente guapo o hermosa, complacer todos nuestros caprichos sin estarse quejando, adivinar qué es lo que deseamos en ese momento y entregárnoslo de inmediato, comportarse como imaginamos que es correcto, decir las cosas adecuadas cuando se requiera, en fin: bailar al son que tocamos; y todo esto sin esperar nada a cambio. No poseemos la capacidad de dar, pero sí la de recibir. Si la persona no cumple con las expectativas que nos hemos fijado de ella; pues la cambiamos y ya.

Esperamos cierto tipo de retribuciones para comenzar a ceder, con bastante medida, y cuando no recibimos exactamente lo que estamos pensando, nos enojamos muchísimo.

Los alcohólicos somos bastante codos con el dinero si se trata de gastarlo en algo diferente al alcohol y más parcos con nuestras emociones positivas; nos queda tan poco de ellas o tal vez nada, que preferimos guardarlas y esconderlas antes que demostrar que aún tenemos algo de sentimientos, y mucho menos si es para compartirlos con alguien.

Estamos tan acostumbrados a buscar personas para reafirmarnos, que le ponemos precio a nuestro amor: yo te doy si tú me das algo a cambio. Basamos nuestro sentimiento de apego, al que confundimos con amor, en un intercambio por demás egoísta. Si nuestros deseos no se realizan en el momento justo, entonces viene nuestra siguiente actitud: la de la imposición. Si no recibo lo que deseo, te ordeno que me lo des. Si la persona en cuestión se niega a obedecernos, nos resentimos, nos enfurecemos y finalmente en el mejor de los casos, de un zarpazo, la borramos por completo de nuestra vida. Aunque lo más común es que pasemos muchas noches en vela, con el estómago retorciéndose de dolor e imaginando todas las posibles venganzas y desastres que vamos a infligir sobre su vida por habernos despreciado.

Estamos convencidos de que somos lo más importante de este mundo, por ende, éste debe girar a nuestro alrededor y doblegarse a lo que deseamos. Todo sentimiento y acción de los otros deberá estar supeditada a nuestro egocentrismo. Somos niños ejerciendo el poder del berrinche a cada instante. Incapacitados para dar, ejercitamos el derecho de recibir, y por supuesto, sin agradecer nada. ¿Para qué dar las gracias si en realidad nos merecemos todo esto y mucho más?

Nos rodeamos de personas con la única tarea de complacernos. Mis padres, hijos, pareja, amigos y hasta Dios, fueron creados con la misión de satisfacer todas mis necesidades.

Supongamos que el día de ayer me gasté todo mi salario en una súper fiesta y hoy no tengo dinero ni para comer. Entonces espero que mis padres me financien, que mi pareja busque trabajo para pagar lo que se debe y no me ande pidiendo nada, que mis hijos se aguanten un par de días sin comer y no me reclamen, es más que ni hablen porque ando cruda, que mis amigos paguen las siguientes borracheras y, por supuesto, que Dios se «moche» y haga que milagrosamente al siguiente día me gane la lotería. ¿No se supone que todos me aman? Pues que empiecen a demostrarlo.

Los actos de amor de mis semejantes, tienen por fuerza, que ajustarse a mis deseos y antojos, y cuando esto no sucede, es mucho más sencillo enojarme, castigarlos, convertirme súbitamente en un huracán de furia, arrasar con ellos y hacerles todo tipo de cosas, desde hablar mal a sus espaldas hasta golpearlos, que entender que probablemente no deseen o no puedan cumplir con lo que pido, que tal vez su forma de demostrarme su amor es muy diferente a la imagen que yo he creado, que quizá son incapaces de vivir a la altura de mis caprichos.

Durante nuestra época de consumo, jamás encontramos el espacio o tiempo para pensar en los demás y una vez suspendida la bebida, tampoco lo hay. Ahora tienen que aplaudirnos, premiarnos y consentirnos más por el hecho de que estamos llevando a cabo un esfuerzo supremo para estar «bien». Estamos sobrios, pero seguimos comportándonos de la misma manera en que lo hacíamos cuando estábamos borrachos.

☛ *Creemos que por haber dejado de tomar estamos haciendo algo extraordinario, pero la verdad es que así es como deberíamos haber actuado desde siempre.*

Un buen ejercicio es el de tomar asiento y meditar sobre la razón por la que decimos amar a tal o cual persona. Si respondemos con sinceridad, veremos que mientras más satisfechos y protegidos nos hace sentir, mayor es el grado de nuestro amor. Mis mejores amigos son aquellos con quienes paso la mayor parte del tiempo, que comparten mis intereses y que siempre me dan la razón, además de encubrir mis borracheras o participar en ellas activamente; en el instante en que dejaron de hacerlo los alejé de mi vida. Mi pariente favorito es aquel que me da dinero a escondidas, el que me lleva de paseo, me compra todo lo que deseo y «me sigue la corriente» en todos mis caprichos. Y la lista puede continuar de manera infinita. Decimos amar a aquellos que se ajustan a lo que esperamos.

El caso más típico es en la adolescencia. Cada vez que mi hija se asoma a la recámara y demasiado amablemente dice con su voz de pajarillo herido: «mami…», ya sé que va a haber una fiesta, un permiso o que necesita algo nuevo. Pero, ¿qué sucede si se me ocurre la genial idea de decir que no? La respuesta más común es: «la verdad es que tú no me quieres, siempre he sabido que me odias», y el minúsculo aleteo del pajarillo se transforma en un ventarrón parecido al del halcón en época de caza. Claro que si digo *okay,* pues mi amor queda demostrado ampliamente y la vida familiar mantiene su estabilidad.

Los alcohólicos nos comportamos de manera muy similar. Hemos pasado tal cantidad de tiempo dedicados a adorar a nuestro dios llamado alcohol, que en el transcurso de los años, nos olvidamos de madurar. La palabra amor nos suena como lo que se escribe en una tarjeta de cumpleaños o aniversario; algo sumamente cursi que no tiene nada que ver con nosotros que somos súper poderosos y ególatras. Cuando herimos a alguien cercano y pensamos que esta vez se nos pasó la mano, lo más próximo que podemos mascullar entre dientes es: «perdóname, si tú eres lo que más amo en el mundo», o un «¿pero finalmente sabes que te amo, verdad?», o alguna otra de esas frases que hemos recogido en el camino y que sabemos funcionan a la perfección.

Aunque la mayor parte del tiempo estamos tan inmersos en nosotros mismos que las actitudes, deseos y problemas de los demás nos importan muy poco, o tal vez nada. Si persisten en su actividad de «molestarnos» con consejos, reclamos, resentimientos y fórmulas para que yo cambie, lo más seguro es que los abandone, les deje de hablar, o me enfurezca y arme un escándalo. Cuando llegamos al final del túnel y decidimos que era tiempo de suspender la bebida, jamás nos imaginamos lo difícil que iba a ser el recuperar nuestra vida social y familiar. Ahí es donde habíamos infligido la mayor parte del daño.

El amor nada tiene que ver con intercambios e imposiciones; el amor es un estado de vacío y desprendimiento en el cual, suelto todo resentimiento, culpabilidad y miedo para poder comenzar de nuevo. Tampoco significa nivelar la balanza comprando a los otros con regalos y otras chucherías materiales. El acto de amar a los demás comienza en el instante mismo en el que comienzo a perdonarme, a aceptar que he estado enferma, a vivir con la idea de que mi alcoholismo es incurable y elaboro una lista, ya sea escrita o mental, de todos los daños que he causado. Tengo que darme cuenta de lo que cargo para poder comenzar a dejarlo ir.

Mi corazón está roto, desgajado, hecho añicos: vacío. No lo vamos a poder remendar pegándole un curita encima y creyendo que ya todo está perfectamente bien. El proceso es arduo y muy doloroso, requiere de muchas operaciones y actos de fe y de perdón. Tenemos que comenzar por ser humildes.

Y esto no significa que vamos a ser pobres y mendigos deambulando por las calles con un bote y pidiendo dinero. No. La humildad es un estado de desapego, un liberarnos de todo sentimiento de arrogancia y superioridad y comenzar a escuchar a los demás. La capacidad de pedir perdón por todas las barbaridades que hemos hecho, por las heridas, por las humillaciones, por el dolor que causamos. La humildad es una virtud que nos une a los demás seres humanos y transforma las relaciones desastrosas y torcidas, que hemos tenido hasta ahora, en un fluir natural y armónico. Debemos permitir que el mundo gire a su velocidad natural y no a la que nosotros deseamos.

Cada persona es única y especial. Todos demostramos nuestro amor de diferente manera. Está en nosotros el reconocer nuestras limitaciones e insuficiencias, y así comenzar a actuar acorde a ellas. Podemos aprender infinidad de cosas de los demás si tan sólo nos damos la oportunidad de comenzar a escucharlos; saber qué es lo que les duele, por qué se sienten felices o tristes, qué es lo que desean en la vida, por qué actúan de tal o cual manera. Aprender a conocer las virtudes y defectos de los otros va a comenzar a re-ligar mi relación con el mundo que me rodea. Aceptar a los otros es un acto de humildad, respetarlos y no juzgarlos, uno de amor.

La mente, cuando se encuentra en un estado de humildad, se vuelve más perceptiva. En el instante en el que nos liberamos del Yo monumental que hemos creado para protegernos, comenzamos realmente el proceso de aprendizaje mediante el cual vamos a saber un poco más sobre nosotros mismos. Vamos a descubrir cuál es nuestra virtud predominante, probablemente recordemos todos esos sueños que alguna vez tuvimos y que abandonamos a la orilla del camino, quizá descubramos que a pesar de todas las cosas terribles que pasaron, aún quedan rescoldos de bondad y amor en el interior y que basta un silencio, un vacío y un abandono del orgullo para comenzar a recuperarlos. Y que lo más emocionante de todo está por venir.

☛ *Si ejercemos la virtud de la humildad, las personas que más amamos van a regresar a nuestro lado.*

A través del amor, poco a poco, vamos a recobrar el cariño de nuestros padres, hijos, hermanos y amigos. Los vamos a ver acercarse a nosotros, quizá al principio tímidamente y con mucho recelo, ¿quién les garantiza que esta vez no es igual a las otras y que mañana vamos a volver a beber y a comportarnos como siempre lo hemos hecho? Pero con el paso de los días y si persistimos en nuestra recuperación, las aguas van a recobrar su cauce natural y vamos a comenzar a sentir que finalmente formamos parte de algo que ya considerábamos perdido: la vida con los demás.

Existe una palabra que siempre me ha gustado mucho: «sinergia», que significa que la suma de las partes es mucho más que el todo. Así es la recuperación. Cada paso que damos para estar bien, va a ser mucho mayor que el resultado final. Cada acto de nuestra vida, va a ser equivalente a un todo, porque al final lo verdaderamente importante es el camino recorrido y no su término. Ahí sólo nos morimos y ya. Pero el instante que estoy viviendo ahora, vale por toda esa carrera infernal que tuve que correr para llegar aquí. Ya sabemos lo que se siente tocar un fondo de sufrimiento extremadamente desgarrador, por ello, cuando comenzamos a experimentar los efectos de la paz interior, de la tranquila emoción que es la vida, de la humildad y del amor, el efecto va a ser similar a la concepción de un milagro. En todos los años de dolor, jamás nos imaginamos la extraordinaria sensación que produce de la ausencia de éste.

Si nos damos la oportunidad de escuchar y aprender de los demás, tal vez nos demos cuenta también de sus carencias y entonces, algún día, les demos algo de lo que ellos necesitan; no tiene que ser algo material, es mejor si no lo es, tal vez sea una opción, una ayuda, o simplemente tiempo. Así, por el sólo hecho de dar, de hacer feliz a alguien sin esperar nada a cambio. Este puro acto de desprendimiento va a echar a rodar la inmensa maquinaria a la que llamamos amor.

El amor se basa en la comprensión, comprensión de las virtudes y necesidades de los otros. En escucharlos y observarlos cuidadosamente para conocer qué los hace felices, dedicarles el tiempo que se merecen y dar, en nuestra capacidad, todo aquello para hacerlos sentir bien.

El amor tiene su fundamento en la compasión, que es la virtud de saber que los otros también sufren y que está en nosotros la posibilidad de aliviar su dolor, o tal vez de disminuirlo.

Pero el amor se manifiesta en su máxima plenitud dentro de la libertad. Se trata de permitir al otro existir sin atarlo constantemente a nuestros deseos y caprichos. La libertad de respetarlo, de observarlo florecer, de permitirle equivocarse sin juzgarlo, de crecer y compartir con nosotros esta extraordinaria experiencia que se llama vida.

13

Aquellos que nos rodean también merecen una vida nueva

> Da lo que tienes para que merezcas recibir lo que te falta
>
> San Agustín

La cantidad de daño que hemos ocasionado a los que nos rodean es realmente considerable, en muchos casos va a ser irreparable, en otros, aún queda la posibilidad de rescatar mucho del amor que creímos perdido. Nuestros seres queridos van a estar muy resentidos y al momento en el que suspendamos el consumo del alcohol, no van a entender nada, porque van a estar esperando que milagrosamente, esa persona que conocían desde hace ya mucho tiempo, regrese de inmediato.

Los hemos lastimado de todas las formas imaginables; han pasado noches sin dormir esperando que regresáramos con vida, han llorado mucho al ver cómo nos autodestruíamos, les hemos prometido cosas una y mil veces, para al momento siguiente continuar actuando de la misma manera, les hemos robado, humillado, insultado, gritado y hasta golpes han tenido que soportar. Lo más seguro es que estén esperando ser compensados por todos los sacrificios que han pasado en aras de nuestra comportamiento.

Dejar de beber no va a provocar reparaciones inmediatas, eso va a tomar largo rato. Y entonces nuestros seres queridos se van a resentir más. Si nuestra vida, en los días de actividad era un infierno, ahora va a ser peor. Vamos a pasar muchos días escuchando todo lo que hicimos, nos van a hacer saber de sus sufrimientos, angustias y enojos. Probablemente estén admirados de que logramos detener nuestra adicción, pero eso no asegura que no vayamos a recaer, y nos lo van a hacer saber muchas veces.

«¿Te acuerdas cuando…?»; «Viniendo de ti no esperaba otra cosa»; «¿No que ahora sí ibas a cambiar?»; «Habrás dejado de beber pero sigues siendo el mismo»; «¿Qué no entiendes todo lo que me hiciste?»; «¿Quién me asegura que esta vez sí va a ser diferente?»; «La verdad es que ya no te creo nada». Esas frases serán el pan nuestro de cada día. Y va a requerir de grandes dosis de paciencia sobrellevar esta nueva etapa.

Tenemos que aceptar el hecho de que esta situación familiar ha sido provocada por nosotros, que somos los culpables del ambiente actual y que está en nuestras manos la posibilidad de restablecer la armonía en nuestro hogar. Pero para lograr esto es necesario trabajar en nuestra recuperación. ¿Cómo podemos comenzar a dar si nos sentimos tan frágiles y perdidos?

El alcoholismo es una enfermedad egoísta, pero la recuperación también lo debe ser un poco. Al inicio debemos concentrarnos en el deseo de estar bien, en sanar algunas de las heridas más profundas, en recuperar la autoestima y en controlar nuestros defectos de carácter. Con todo esto entre manos, ¿cómo va a ser posible que tengamos el tiempo necesario para componer a los demás? La familia va a tener que ejercer el arte de la paciencia y el amor. El pasado nos alcanzará con gran velocidad si se lo permitimos. Tal vez, algunas familias deseen borrarlo de sopetón y dejar todo eso atrás, otras lo van a estar recordando continuamente. El pasado siempre va a estar ahí, pero debe funcionar como un medio de aprendizaje, reconocer qué es lo que estuvo mal para evitar cometer las mismas equivocaciones, y rescatar lo bueno para poder crecer.

La vida familiar ha girado en torno a nuestra adicción; una vez libres de ella, todos nos vamos a sentir muy confundidos, pues no conocemos otra cosa. ¿Qué hacer una vez que el centro de nuestro universo se sale de orbita?, ¿en qué ocupar el tiempo que usábamos en sufrir? Existen varios lugares a los cuales la familia puede recurrir para pedir ayuda, el más conocido es Al-Anon, que es una institución, similar a Alcohólicos Anónimos, pero para los familiares de personas con problemas de alcoholismo y drogadicción. En estos grupos, la familia se va a sentir apoyada y va a comenzar a comprender el proceso de soltar los resentimientos y entenderá poco a poco la enfermedad conocida como alcoholismo.

Cuando dejé de beber, mis padres esperaban que, de un día a otro, yo me interesara en sus sentimientos, y mis hijas querían verme de buenas y llena de vitalidad y de interés en sus vidas La realidad fue otra. Los primeros meses si alcohol fueron terribles. Me sentía perdida, vacía, todo lo que deseaba era beber otra copa; mi mente se encontraba en un estado terrible de confusión, me balanceaba del llanto al enojo en cuestión de segundos, y era realmente infeliz. Mi hija mayor se fue de la casa, mi madre estaba de buenas un día y al siguiente me decía: «la verdad es que tú nunca vas a cambiar», pero continué luchando contra mi deseo de beber, y poco a poco, la claridad y la calma se fueron convirtiendo en algo cotidiano. Aún no recupero su confianza total, pero estoy en ese camino y sé que a través de mis acciones y mi voluntad, la vida irá mejor.

Mi hija ha vuelto a casa y los comentarios de mi madre sobre mi enfermedad son cada vez más escasos.

Comenzar a dar es un ejercicio de amor. Si nos proponemos pasar un día sin hablar, sin imponer nuestra voluntad o pedir cosas, y simplemente observamos a los que nos rodean, los escuchamos y probamos reflexionar sobre qué piensan o desean, vamos a aprender una enorme cantidad de cosas. Durante mucho tiempo los tuvimos en el olvido, ellos han crecido y se han transformado. No son las mismas personas que conocimos hace ya mucho rato. La vida nos ha brindado esta magnífica oportunidad de volver a reencontrarnos con las personas que amamos. ¿Por qué no darnos el tiempo de volver a descubrirlos?, pero esta vez en un estado de tranquilidad y felicidad.

A ratos nos va a costar mucho trabajo mantener la calma, nos van a sacar de nuestras casillas, vamos a estar tan enfrascados en todos esos pensamientos que revolotean sobre nuestra cabeza que no encontraremos el tiempo para prestarles atención, pero si nos proponemos hacerlo de vez en cuando, nos daremos cuenta que las retribuciones son tan grandes y hermosas que nos vamos a descubrir deseando hacerlo más seguido y con el tiempo se va a convertir en algo cotidiano.

Hemos olvidado el arte de dar; para poder recuperarlo es necesario hacerlo poco a poco; ir soltando el resentimiento, el enojo, la angustia y sobre todo el miedo. ¿Quién no tiene miedo a ser rechazado? Lo importante es intentarlo, y si no funciona, pues volver a hacerlo. No pasa nada. Ningún rechazo se va a equiparar al dolor que sentíamos los últimos días que pasamos en estado de ebriedad. Las retribuciones son inmensas. Nos va a tomar un largo rato tener la capacidad de pedir perdón, pero puedo asegurar que no duele, al contrario, pedir perdón por nuestras acciones es un acto increíblemente liberador. Vamos a soltar una de las piedras que hemos venido cargando y nos sentiremos más livianos, un poco más ágiles y por supuesto mucho más felices.

Conforme vayamos recuperando fragmentos de nuestro ser, es necesario comenzar a compartirlos. Entregar algo de la tranquilidad, de la paciencia, de la tolerancia y por supuesto del aprendizaje es necesario para nuestra estabilidad y armonía. El flujo de las cosas es inacabable. Todo en esta vida se encuentra interconectado. Aprender a dar y a recibir equilibra la balanza del bienestar común.

☛ *Es el tiempo de perdonarnos, de aprender a convivir con los demás, de recuperar nuestra dignidad y respeto para incorporarnos nuevamente a esa marea infinita que es el amor.*

14

Vivamos la vida que siempre quisimos tener

Nosotros sabemos lo que somos, pero no lo que podemos ser

WILLIAM SHAKESPEARE

Hamlet

Dejar de beber es fácil, descubrir quién somos sin el alcohol es una tarea extremadamente difícil. El alcoholismo es solamente la punta del iceberg, la verdadera enfermedad comienza en el instante mismo en el que suspendemos el consumo. Comenzamos a beber porque nos sentíamos incapaces de manejar nuestras emociones, ¿quién nos asegura que ahora vamos a ser capaces de hacerlo? Cuando alguien me preguntaba por qué bebía tanto mi respuesta era que la vida me dolía demasiado.

El alcoholismo es una de tantas adicciones que existen, en todas ellas, la raíz del problema es la misma: sentimos que la vida nos sobrepasa y que no tenemos la fortaleza para manejar las situaciones cotidianas, y entonces comenzamos a ocultarnos. ¿En donde?, existe una lista innumerable de posibilidades: comer, beber, drogarse, no comer, cortarse, jugar, fumar, acumular cosas, ejercitarse, etcétera; todo en exceso.

☛ *Cualquier tipo de adicción tiene la misma finalidad: fugarnos del mundo que nos rodea porque no nos agrada.*

Es mucho más sencillo evadir los problemas que hacerles frente. Cada una de estas actividades excesivas van a conducir inevitablemente al desastre. Cualquier adicción es una enfermedad progresiva, y a la larga: mortal.

Pensamos que la vida es dolorosa, pero una vez instalados en el camino de la autodestrucción, la vida se transforma en un infierno y el dolor se hace gigantesco. Por más mensajes, indirectas, consejos e intentos de ayuda que recibamos, si no estamos listos para detenernos, jamás lo vamos a hacer.

Si continuamos evadiendo el dolor nos volveremos maestros en el arte de negarnos y ocultarnos a nosotros mismos, y en el proceso, desapareceremos.

Transformados en zombis, simplemente pasamos los días satisfaciendo los caprichos de nuestra adicción y perdemos de vista lo que en verdad importa: nuestro ser. La sustancia absorbe cualquier posibilidad de relacionarnos con el mundo. Escondidos, culpables, agotados, vacíos nos convertimos en ermitaños. Nuestro único deseo es acabar de una vez por todas con lo único que nos queda: la vida.

Este camino es triste y solitario. Pero para todos aquellos que están listos para detenerse, la senda es por demás luminosa y plena de recompensas.

En el transcurso de mi recuperación he perdido a varios de mis amigos; algunos han regresado a los brazos del alcohol y las drogas, otros han perdido la vida. Pero los más, han logrado salir adelante y día a día he podido observar su transformación y aprender de sus experiencias; las cuales a veces son muy similares a las que estoy viviendo. Haber aprendido a convivir con las demás personas ha cambiado mi visión del mundo. Los seres humanos no son tan malos como imaginé, están llenos de virtudes y poseen una gran capacidad de amar. Sólo que yo jamás les di la oportunidad de acercarse.

Ahora sé que soy alcohólica y que durante muchos años estuve enferma. Perdí prácticamente todo para asimilarlo. La recuperación ha sido lenta y costosa. Hay una gran cantidad de cosas que me es imposible recobrar, pero día a día llegan otras nuevas y ahora poseo la capacidad de darme cuenta de que están ahí y puedo disfrutarlas en su máxima plenitud.

Todavía no sé lo que quiero o puedo ser, pero sí sé lo que soy. Este libro llegó a mí de manera inesperada, como llegan las lluvias o los sueños. A través de su escritura he entendido muchas cosas de mí misma. Me ha dado la oportunidad de conocerme un poco más y de aprender que la vida no es sólo una fiesta gigantesca o un estado de miseria continuo. Su escritura ha sido un reto y una opción. Me ha otorgado la ocasión de compartir algo de este camino de destrucción que he vivido durante tantos años y el tiempo que he pasado tratando de enmendar mi vida.

Lo importante no es quién quiero ser, sino lo que soy ahora. A lo largo de los años me he ramificado en muchas personas; he sido madre, hija, esposa, amante, amiga, compañera, y a todas ellas les fallé. Estaba demasiado ocupada siendo infeliz como para darme cuenta de lo que existía a mi alrededor. La vida no es una postal o un cuento de hadas; es un estar continuo aquí y ahora.

El pasado no se puede tocar, mi concepción de lo vivido va a ser diferente de la que tienen los otros, el pasado perdió su realidad. No puedo dibujar o transformar lo que ya no es.

Puedo repetir mi historia hasta el cansancio, pero nada la va a modificar, sin embargo puedo aprender algo de esa experiencia, para ya no cometer los mismos errores nuevamente.

El futuro es algo lejano. ¿Cómo puedo planificar quién voy a ser en un año? No puedo pasar mis días esperando que llegue esa persona que espero ser. Lo que sí puedo es ser la persona que soy el día de hoy. Todos, dentro de nosotros, tenemos valor, sólo toma un paso echarlo a andar. Cuando éramos pequeños intentamos ponernos de pie y caminar. Jamás nos detuvimos a pensar que teníamos mucho miedo, que probablemente nos íbamos a caer, simplemente lo hicimos y de repente estábamos andando. Así pasa ahora: es momento de aprender a caminar de nuevo, de otra forma, pero caminar. No hay que pensarlo demasiado. Basta pararnos y dar un paso y después otro y otro más.

La persona que soy ahora es todo lo que poseo. Está en mis manos llenarla de virtudes y cualidades, o abandonarla. Todo es cuestión de comenzar a creer. Si tengo fe en mí misma y en mis semejantes, avanzar es automático. Por supuesto que hay días en los que me siento triste y cansada, es perfectamente normal. Aún paso por los lugares que solía frecuentar y se me antoja beber. Extraño a esa mujer libre de inhibiciones y retadora, pero la que soy ahora me gusta mucho más. Y entonces volteo y la dejo ir, me venzo a mí misma para poder seguir existiendo.

Todo es cuestión de desearlo. Tuve la opción de dejar de beber y no hacer nada, pero yo escogí cambiar. En mí está la voluntad y la fortaleza para querer algo mejor que lo que había obtenido. La vida que tengo es lo que yo hice de ella, pero la que puedo tener necesita de una época de siembra. Plantar un árbol requiere de paciencia. El acto mismo de colocar la semilla en la tierra y humedecerla continuamente tiene algo de bello. Poco a poco la veremos germinar, crecer y finalmente mostrarse en toda su plenitud.

Si lo que tengo ahora no me gusta, en mí está el poder de cambiarlo. Para hacerlo tengo que soltar muchas cosas que he aprendido y adquirido como mías. Esa es la belleza del vacío. En un recipiente desocupado podemos colocar cualquier tipo de cosas nuevas y esta vez podemos comenzar por llenarlo de todas aquellas que nos agraden. Dejar de colgarnos etiquetas y ver qué podemos ser: es un acto poderoso.

Saltar con las manos vacías es un acto de fe.

Un día alguien me dijo: ¿cómo puedes hablar de algo sin antes haberlo conocido? He conocido el dolor, la desesperanza y el sufrimiento, y sé que no es eso lo que deseo para el resto de mi vida. Estoy lista para darme la oportunidad de conocer a sus antónimos. Poseo un cuerpo, una mente y un espíritu. Ellos van a ser el vínculo que me va a ligar a esa persona que se llama Alejandra y que es la misma que ahora escribe estas líneas.

Puedo pasar mucho tiempo intentando vivir la vida que siempre deseé, pero es increíblemente más satisfactorio el vivir la vida que poseo. Día a día, hora a hora, minuto a minuto puedo construir a una nueva persona, la que deseo ser y entonces estaré siendo. Ojalá que estas líneas que ahora comparto, sean de ayuda a quienes como yo, han estado perdidos, ocultos en su adicción. Sé que no es fácil, que el tránsito de un estado al otro, va a doler. He pasado por ahí. Pero el dolor de la transformación es similar al del ejercicio físico: es para bien.

Puedo asegurar que una vez pasado el amargo trago inicial, el resto de la vida va a ser una de felicidad, armonía y tranquilidad. Que vamos a mirar, simplemente eso, mirar pasar los altibajos de los días y tendremos la capacidad de sobrellevarlos sin dolor. Es tan fácil ser felices. ¿Por qué no darnos la oportunidad?

15

Personajes célebres

Algún día en cualquier parte, en cualquier lugar
indefectiblemente te encontrarás a ti mismo, y ésa, sólo ésa,
puede ser la más feliz o la más amarga de tus horas

Pablo Neruda

El alcoholismo es una enfermedad que cualquiera puede adquirir. A través de los siglos el alcohol siempre ha estado presente en la historia. Desde grandes conquistadores y estadistas como Alejandro Magno, hasta presidentes amados y reconocidos como es el caso de Ulysses Simpson Grant, este presidente de los Estados Unidos (1822-1855) pasó gran parte de su vida luchando con su obsesión por la bebida. Durante la guerra contra México en 1846, su alcoholismo se hizo tan fuerte que tuvo que abandonar el ejército. Se unió a una agrupación llamada Sons of Temperance y logró permanecer sobrio durante algún tiempo. De regreso al ejército, sus problemas con el alcohol fueron incrementando, y Robert Buchanan, su superior en esa época, lo hizo firmar su renuncia; en caso de no hacerlo corría el riesgo de enfrentar a una corte marcial. Años después regresó al ejército, logró escalar al grado de General, participó activamente en la Guerra Civil y posteriormente fue nombrado Presidente. Cuando abandonó la presidencia se declaró en bancarrota.

También está el caso de varios políticos y hombres sobresalientes que han sufrido con su alcoholismo: Edwin Aldrin fue el segundo hombre en caminar sobre la superficie de la luna, Winston Churchill, el Primer Ministro de Inglaterra durante la Segunda Guerra Mundial, Betty Ford, quien una vez superado su alcoholismo fundó una serie de clínicas de rehabilitación que llevan su nombre, Ted Kennedy, Senador de los Estados Unidos, y muchos más.

El mundo de la farándula es famoso por sus excesos; los artistas ganan tales cantidades de dinero, que rápidamente se olvidan de su valor y eso aunado a la gran admiración que generan sus películas, corren el peligro de «perder el piso» con gran facilidad.

En este rubro encontramos actrices muy conocidas como Drew Barrymore, quien alcanzó la fama gracias a su participación en la película E.T., y liberó una fuerte batalla con las drogas y el alcohol desde muy temprana edad. En su autobiografía *Little Girl Lost,* nos habla de sus problemas familiares y de cómo estos la empujaron a adquirir una reputación de «fiestera». Asidua al famoso club Studio 54 de Nueva York, aunque aún era muy joven, se dice que bebía alcohol desde la edad de nueve años, que comenzó a fumar mariguana a los diez y a utilizar cocaína a los doce. A los trece años ingresó a un centro de rehabilitación y ha permanecido sobria y limpia de drogas hasta la fecha.

En nuestro país tenemos el caso de José José, cantante mexicano, mejor conocido como «el Príncipe de la canción», quien es famoso también por sus problemas con el alcohol.

A lo largo de su carrera sufrió varias recaídas pero en 1993, después de tocar fondo, con ayuda de grandes amigos como el periodista Ricardo Rocha y Tina Galindo, entre otros, se internó voluntariamente en el Centro de Rehabilitación y Universidad Heizelden en Minnesota. Desde ese momento no ha vuelto a beber alcohol.

También está el caso de Eric Clapton, guitarrista, cantante y compositor de rock y blues, miembro del Salón de la Fama del Rock por partida triple pasó periodos de fuerte adicción a las drogas y al alcohol, llegando incluso a vender sus guitarras para seguir consumiendo. Estuvo algunos años en la clínica de rehabilitación Harley Street, tiempo después Clapton ya recuperado fundó una clínica de desintoxicación a la cual nombró *crossroads*. A pesar de haber sufrido varias recaídas, este estupendo compositor continúa su batalla para vencer a los demonios del alcoholismo.

La lista es bastante larga: Mel Gibson, Richard Burton, Elizabeth Taylor, Charlie Sheen, Lindsay Lohan, Robert Downey Junior, Britney Spears, Paris Hilton, Robin Williams, Daniel Radcliffe, John Barrymore, Juan Osorio, La Tostada y la Guayaba, Errol Flynn, William Holden, Michael Douglas, Roberto Palazuelos, Ben Affleck, Nick Nolte, Sasha Sokol, Alejandra Guzmán, Carmen Campuzano, Toulouse Lautrec, Led Zepellin, Jim Morrison, Billy Holiday, Johnny Cash, Ray Charles, Elton John, Boy George, Courtney Love, Cristina Aguilera, Diana Ross, Amy Winehouse, Janis Joplin…

Los atletas y deportistas tampoco son la excepción. John Lucas, jugador profesional de baloncesto en la liga americana conocida como NBA dentro de la cual estuvo durante catorce temporadas, jugó en Houston su última temporada antes de ser alcanzado por el escándalo debido a su alto consumo de drogas y alcohol. Lucas se sometió a un tratamiento de desintoxicación, pero tuvo que abandonar el deporte. Posteriormente abrió una clínica para ayudar a los atletas que sufren problemas de adicciones.

Otro caso es el de Diego Armando Maradona. Este astro del futbol argentino ha pasado muchos años luchando contra su drogadicción y alcoholismo. Ha estado internado en varias ocasiones, pero su batalla continúa. Maradona está clasificado como uno de los mejores futbolistas de todos los tiempos. Aun así sus éxitos deportivos se han visto empañados continuamente por su adicción a las drogas y al alcohol. La lista continúa: Mickey Mantle, Henry Rono, Tony Adams, César Andrade, Adriano, Javier Flores, Ronaldinho, Arturo Gatti, Julio César Chávez, Edwin «El Chapo» Rosario, Mike Tyson, Babe Ruth, Michael Phelps, Boris Becker, Rodolfo Rodríguez «El Pana»…

Entre los escritores el abuso de la bebida parece ser bastante común. Uno de los más recordados quizá es el de Edgar Allan Poe, escritor norteamericano y creador de un género macabro y a la vez poético, reconocido mundialmente por sus cuentos. A lo largo de su corta vida sufrió muchos problemas debido a su alto consumo alcohólico y al uso del láudano (droga muy popular en su época). Su muerte se encuentra rodeada de misterio, aunque se afirma que murió con una alta concentración de alcohol en el cuerpo. Cuatro días antes de su muerte fue encontrado deambulando por las calles en un estado delirante, incapaz de reconocer ni de recordar nada. A los pocos días murió, a la edad de cuarenta años.

Otro gran escritor que murió a causa de la depresión y la bebida fue Ernest Hemingway. Hemigway fue uno de los escritores más reconocidos del siglo XX. Bebía sin control. En realidad, él jamás combatió su alcoholismo, ya que lo consideraba como una cosa de hombres, al igual que sus actividades favoritas: la caza, la pesca y las mujeres. Debido a su enfermedad sufrió muchas depresiones, la última lo empujó al suicidio en 1962, después de saberse enfermo de cáncer.

Y la lista continua: William Faulkner, Scott Fitzgerald, Truman Capote, Raymond Chandler, Dylan Thomas, Jack Kerouac, O'Henry, Arthur Koestler, John Steinbeck, James Agee, William Styron, Charles Bukowski, Eugene O'Neill, Stephen King, Malcolm Lowry, Gregory Corso, Ayn Rand...

Y por supuesto que no podemos concluir esta lista sin mencionar a Bill Wilson. Debido a la gravedad de su alcoholismo perdió su carrera, dinero y salud. Este hombre transformó su vida por completo y con la ayuda del Dr. Bob, fundó la organización que hoy conocemos como Alcohólicos Anónimos. Ésta ha ayudado a millones de personas alrededor del mundo a recobrar la sobriedad y a conquistar sus adicciones.

La lista es inmensa. Lo verdaderamente importante es tener la capacidad de aprender de aquellos que lograron superar sus adicciones y también de esos que perdieron su vida dejándose dominar por ellas.

Elevemos una oración por todos aquellos que aún continúan en la búsqueda de una vida mejor.

16

Datos curiosos

- Dos copas de vino tardan aproximadamente 6 minutos en llegar al cerebro.
- Para que una copa sea absorbida completamente por nuestro organismo, toma alrededor de treinta a noventa minutos. Después de esto, el alcohol comenzará a salir del cuerpo en un porcentaje del 0,015 % por hora. Por ejemplo, si comienzas tu conteo alcohólico con un 0,08 % (que es el permitido por el alcoholímetro), te va a tomar aproximadamente unas siete horas el desecharlo por completo de tu organismo.
- Las mujeres nos emborrachamos más rápido que los hombres porque tenemos menor porcentaje de agua en el cuerpo y mayor concentración de grasa.
- Según CONADIC, existen unos 600 anexos para tratamiento de adicciones en México, de los cuales, 60 presentan serias irregularidades.
- La encuesta nacional de adicciones revela que en tan sólo seis años, hubo un incremento del 28 % en el consumo experimental de drogas, al pasar de 3,5 a 4,5 millones de personas, y que son los niños y jóvenes los que se encuentran bajo la mira de bandas de narcotraficantes.

- En el caso de una relación donde ambos sean alcohólicos, conviene ir a grupos o clínicas diferentes para que la rehabilitación funcione mejor. Si los dos escogen ir al mismo grupo aa cada vez que uno pida tribuna para hablar de lo que le molesta, el otro deberá salirse.
- La encuesta nacional de adicciones se lleva a cabo cada cuatro años. La última actualización de ésta fue en el 2008.
- A las lagunas mentales que ocurren durante una borrachera se les conoce como palimpsestos alcohólicos.
- Los palimpsestos se deben a que el alcohol circula por el torrente sanguíneo y produce una disminución de oxígeno en la sangre, esta deficiencia momentánea ataca principalmente a la corteza y la priva de alimentación en el lóbulo frontal, lo cual provoca que el funcionamiento consciente sufra una interrupción mientras dure la falta de oxígeno, lo cual puede ser desde pocos segundos hasta días completos. El individuo sigue actuando con aparente normalidad, pero sus movimientos son automáticos y rutinarios. No recuerda nada de lo que habla, ve, oye y hasta lo que come.[14]
- Según estadísticas de la OMS, de cada millar de personas que nacen, siete serán alcohólicas; y que de cada cien bebedores corrientes, cinco se volverán alcohólicos.

14 Tomado de la Tabla del alcoholímetro del Dr. Jellinek.

Estadísticas

- 41,3 % de las personas que han sido detenidas por la policía se encontraban bajo los efectos del alcohol.
- El Servicio Médico Forense (SEMEFO) reportó que en una de cada tres muertes relacionadas con hechos de tránsito (33,33 %) la víctima había ingerido alcohol.
- En más de la mitad de las muertes por homicidio (56,74 %), la víctima se encontraba intoxicada con alcohol etílico.
- De las víctimas de muerte por accidente en el trabajo, el 10,6 % había ingerido alcohol.
- Los accidentes en la vía pública estuvieron relacionados con la ingestión de alcohol en un 45 % y la relación hombre mujer fue de 43 a una.
- En México, un estudio de 112 pacientes ingresados en salas de emergencias debido a lesiones causadas por accidentes automovilísticos, descubrió que el 13,4 % de los pacientes tenían concentraciones positivas de alcohol en sangre y el 14,6 % de los sujetos admitió haber bebido seis horas antes del accidente.[15]
- El 27 % de la población y el 33 % de los hombres declaran haber consumido sus primeros tragos antes de los 16 años.
- Resultó mayoritaria la proporción de los adultos mexicanos que declaran que la cerveza fue la primera bebida que consumieron (68 %), y también es la que se prefiere hoy en día (61 %); en ambas categorías la segunda posición la ocupa el tequila. Los hombres dicen ser más cerveceros que las mujeres, y ellas más tequileras que los hombres.

15 FUENTE: Consejo Nacional Contra las Adicciones, Secretaría de Salud.

- Destaca la categoría de los hombres donde el 44 % declara necesitar de 10 a más copas para sentirse borracho; en el norte el 49 % declara necesitar más de la decena. Quienes consumen normalmente cerveza en promedio dicen necesitar 10 de ellas para emborracharse, mientras que con otra bebida este dato es de ocho copas.
- El 31 % de los mexicanos declara haber sido objeto de críticas a causa del alcohol consumido; el 22 % se ha peleado o discutido con familiares; el 19 % lo ha hecho con extraños; 16 % acepta haber tenido lagunas mentales por la cantidad de tragos consumidos; el 11% ha tenido algún problema con la policía y un muy elevado 9 % acepta haber sufrido algún accidente de tránsito a consecuencia del alcohol.[16]
- El alcoholismo en México afecta aproximadamente a 32 millones de personas, según resultados de encuestas llevadas a cabo por la Central Mexicana de Servicios Generales de Alcohólicos Anónimos. De ellos, 19 177 913 son hombres, es decir, 59,3 %, y 13 137 847 son mujeres, 40,6 %.[17]
- El 15 % de niños maltratados son hijos de un padre o madre con problemas en su manera de beber.
- La ingesta de alcohol constituye una de los principales factores que atentan contra la vida saludable en México: se registran 22 muertes por cirrosis hepática, la más alta del mundo, por cada cien habitantes.
- Cifras del CONADIC indican que el alcohol está directamente relacionado con cinco de las diez causas de mortalidad general en el país.
- Sólo la cirrosis hepática provoca cada año 13 mil muertes, sobre todo en varones de 35 a 45 años de edad.

---

16 FUENTE: Encuestas Mitofsky
17 FUENTE: La Jornada; artículo escrito por Alfredo Méndez.

- Quincenalmente se pierden más de 160 mil horas-hombre entre los trabajadores con alcoholismo, lo que impacta en la productividad nacional.[18]
- El uso continuo del alcohol da como resultado la muerte de 2,5 millones de personas anualmente.
- Existen 60 tipos diferentes de enfermedades en las cuales el alcohol juega un papel muy importante.
- Por cada persona enferma de alcoholismo, tres personas a su alrededor resultan dañadas.
- En 2005, el consumo mundial era de 6,13 litros de alcohol puro por persona mayor de 15 años.[19]

Silogismos

1. Cuando bebemos alcohol en exceso, terminamos borrachos.
Cuando estamos borrachos, dormimos.
Cuando dormimos no cometemos pecados.
Cuando no cometemos pecados, vamos al Cielo.

Conclusión: para ir al Cielo, hay que ser Borracho.

---

18 Fuente: Diario Primicias. Grupo Milenio.
19 Fuente: OMS.

2. Beber mucho alcohol mata las neuronas.
   Las neuronas que mata son las más débiles.
   Si mueren las débiles, quedan las más fuertes e inteligentes.

   CONCLUSIÓN: Mientras más alcohol bebo, más inteligente me hago.

ALGUNAS CITAS

Supongo que había que inventar las camas de agua. Ofrecen la posibilidad de beber algo a media noche sin peligro de pisar al gato.

GROUCHO MARX

El día que leí que el alcohol era malo para la salud… dejé de leer.

JIM MORRISON

El alcohol te da una infinita paciencia para la estupidez.

SAMMY DAVIS JR.

El alcohol es estéril. Las palabras que un hombre habla en una noche de borrachera se desvanecen al igual que la oscuridad misma al comienzo de un nuevo día.

MARGUERITE DURAS

El alcohol es la anestesia mediante la cual soportamos la operación que es la vida.

George Bernard Shaw

El alcohol puede ser el peor enemigo del hombre, pero la Biblia dice: ama a tus enemigos.

Frank Sinatra

El alcohol no consuela, no llena los vacíos psicológicos de nadie, simplemente reemplaza la ausencia de Dios. No conforta al hombre. Por el contrario, lo anima en sus necedades, y lo transporta a las regiones supremas en donde se convierte en amo de su propio destino.

Marguerite Duras

El alcohol es una droga muy paciente. Siempre esperará a que el alcohólico lo recoja una vez más.

Mercedes McCambridge

Y siempre he dicho a los pacientes cuando hablo con ellos. Cuando alguien venga y te diga: «¿Qué vas a beber? ¡Oh, es cierto, tú no bebes!». Simplemente contesta: «Por supuesto que bebo. Sólo que no bebo alcohol».

Betty Ford

Pero en mis años universitarios, llegamos a un punto en el cual mis amigos y yo no hacíamos nada sin consumir una cantidad masiva de alcohol antes de salir a cualquier lado o hacer algo, y tú sabes eso.

JIM COLEMAN

El alcohol es necesario para que el hombre pueda tener una buena opinión de sí mismo, sean estos los hechos.

FINLEY PETER DUNNE

ORACIÓN DE LA SERENIDAD DE ALCOHÓLICOS ANÓNIMOS

Dios, dame la serenidad de aceptar las cosas que no puedo cambiar, valor para cambiar las cosas que sí puedo y sabiduría para conocer la diferencia. Viviendo un día a la vez. Disfrutando un momento a la vez, aceptando dificultades como el camino a la paz. Aceptando, como hizo Él, este mundo pecador tal como es, no como yo lo tendría. Confiando que Él hará bien todas las cosas si yo me rindo a Su voluntad. Que yo sea razonablemente feliz en esta vida y supremamente feliz con Él, para siempre en la próxima.

Amén.

Agradecimientos

Gracias a ti, Gilma, por haberme dado la oportunidad de volver a hacer algo que amo, por creer en este libro cuando sólo era aire y por haber aguantado muchas de mis borracheras más espantosas.

Gracias a ustedes; Cachún, Carlos, Héctor y Jorge, por ayudarme a sobrellevar los primeros meses sin alcohol y por enseñarme a soportar el dolor de vivir sin beber.

Gracias a ti, Roberto, por las críticas más destructivas y por la amistad de ya tantos años, por las irreverencias, la música, el desafío y las súbitas desapariciones.

Y a muchas personas más que han caminado conmigo en esta etapa: Roberto, Luis, Toño, Benito, Lupita, Isaac, Ciro, Jacques, Alfredo, Everardo, Joaquín, Alejandra, Pepe, Fernanda, Betty, Juan y de quienes he aprendido a conocerme un poco más a mí misma. •

Del alcoholismo y sus emociones de Alejandra Camposeco
se terminó de imprimir y encuadernar en septiembre de 2011
en Quad/Graphics Querétaro, S. A. de C. V.
lote 37, fraccionamiento Agro-Industrial La Cruz
Villa del Marqués QT-76240